加爾默羅靈修

凡尋求天主，深感除天主外，
心靈無法尋獲安息和滿足的人，
會被吸引，進入加爾默羅曠野。

星火文化

愛的旅途

解密《靈心城堡》的內向旅行

尤震・麥卡福瑞神父Eugene McCaffrey, OCD◎著
加爾默羅聖衣會◎譯

Journey of Love

CONTENTS

作者序

寫給中文讀者的信

Avila Carmelite Centre
Bloomfield Ave
Donnybrook
Dublin 4
Tel (01) 6430 200
www.ocd.ie

一五六七年八月，當聖女大德蘭離開亞味拉，前往梅地納（Medina del Campo）創立第二座新隱修院時①，她絕對想像不到，所踏出的這一步，蘊含多麼深遠的意義。即使處身於冒險與探險的大時代，也很難預見，有一天，她這踏出的最初幾步，所達到的未知鄉村、城鎮，遠遠越出西班牙本土的河流、高山。

大德蘭是位高瞻遠矚的女子，胸懷極大的勇氣和無比的信賴。她的旅途是信德的朝聖之旅。當旅途達及我們的上主——即「至尊陛下」，如她

1. 請參見星火文化出版的《聖女大德蘭的建院記》，大德蘭著，加爾默羅聖衣會譯。

所喜歡的敬稱——沒有什麼會驚嚇她；祂是每座新隱院的建築師、設計家和推動者。身懷使命的一位女子，大德蘭被一顆燃燒的心催迫著，那心燃燒的是熱愛基督和祂的教會，充滿無止息的熱情，無法將之封鎖在她心愛亞味拉城牆內。

那麼，這是不足為奇的，甚至當她在世時，她的訊息，她的精神已經飛翔，散布於世。總會長已催促她建立許多的隱修院，多如她「頭上的頭髮」！不是她需要任何的鼓勵，不過，這是一個不容她忽視的邀請。在開始她的建院工作之前，我們的上主要求她「等一等」，並說她會「看見大事」！她這麼做了，信賴主的許諾，她也確實看見遠超她想像之外的大事。一五八二年，當她逝世時，已建立了十七座女隱修院，十五座男會院，遍布西班牙全境。然而，一五八二年，她的逝世並非結束；以種種的方式，這只是個開始。

傳承

大德蘭離世之前不久，她的一位神師——聖善的道明會士魯易斯·貝德南（Louis Bertrand），以先知性的確信鼓勵她說，五十年之內，大德蘭的修會將是教會內最卓越的修會之一。的確，修會擴展快速，其令人驚嘆，恰如她述說的一座座建院的故事。從西班牙嘗試性的開始，快速地遍布歐洲，繼而新大陸、中東，最後，達及世界最遠處的國家、城市和鄉鎮。

大德蘭著作的第一位編輯——路易斯．雷翁（Luis de León）會士，承認與在世時的耶穌德蘭姆姆不曾謀面，可是，他卻天天和她留傳的兩個活肖像相遇，就是：她的女兒們和她的書。她的書，非常的重要，只述說故事的一半；加爾默羅的團體則補足了另一半。

在今日，大德蘭誕生後的五百年，她依然生活在她的修女們及她的著作中。透過遍布全球、數以千計的加爾默羅會院的忠實見證，她天天對我們說話，這些會院是：祈禱的綠洲，愛與友誼的團體，為戰鬥的教會轉求，也為尋求意義和真理的動盪世界祈禱，因為真正要緊的唯一真理是：有主足矣！

即使大德蘭大於她的著作，這同樣真實地可以說，她以獨特和無比的方式，活出她的著作。對於有些作者，其教導和個性可能毫無關係。大德蘭絕非如此：她即是她的著作——至極地具有個人色彩、活潑和生氣勃勃。基本上，大德蘭是個健談者：她透過著作講話，書中字裡行間，處處流露她強有力的說服特質。她是一位天賦絕頂的老師，她教導的話語，具有一種驚人的純真；其率直和人情味，巧取人性經驗的核心。此乃觸及人心的一種輕柔方式，因為是湧自內心，幫助我們，處在包圍我們的虛假和空虛的錯覺中，辨識心靈內輕微細弱的聲音。

旅途

《愛的旅途》是三重旅途的故事：大德蘭的，我自己的，及這本小書所介紹的《靈心城堡》②。

一五七七年，古嵐清神父在托利多探望大德蘭時，建議她寫另一本書——比較客觀，不像《自傳》那麼私密——，事實上，他要求的是一件不可能的事。大德蘭從不掩飾她個人的經驗，用中立和不偏不倚的觀念來隱藏。大德蘭問的每一個問題，都是「生命的問題」。她的興趣不在於靈修學的理論，而在於她如何活出靈性的生命，並開放自己於「上主仁慈」的湧流，這是她已深知並體驗的慈悲。因此，《靈心城堡》，事實上，真的可以稱之為，她所有著作中最具自傳性的。它劃出最完整的旅途：她個人的旅途，從傾心愛慕的內心，發出初步躊躇的愛之波動，到靈魂的「第二天堂」，天主居住在那裡，也在那裡發生愛情的最親密交換。

2. 繁體中文版《聖女大德蘭的靈心城堡》由星火文化出版，加爾默羅聖衣會譯。以下簡稱《靈心城堡》。

「一個危險的傢伙」

當我進入初學院時，在自己房間找到唯一的一本書，是大德蘭的《建院記》。我當然覺得，非讀不可。雖然這書這麼奇特又奧祕，我完全為之著迷！不過，當初學導師驚奇地發現這書擺在桌上，即刻換成較不令人敬畏的書！然而，種子已經播下，追尋從而開始。

早期的陶成年期間，我們受鼓勵要接受一位本會的聖人，做為個人的嚮導和啟迪者。由於一些不知的理由，至少，對我而言是這樣的，我轉向大德蘭。很幸運，老早開始，我偶然發現瑪利・尤震神父（Fr. Marie-Eugène）的《我要見天主》③，這是一部綜合加爾默羅靈修的經典之作，我狼吞虎嚥地閱讀此書；嶄新又深奧的視野呈現於我的面前。漸漸地，《全德之路》顯示給我其中的美；我複印出一些頁面，深思默念。祝聖為神父之後，我到羅馬深造，研讀加爾默羅靈修。我用掉大部分的時間研究《靈心城堡》：沉醉於課堂，閱讀種種的註解，收獲觀念和洞見。大德蘭「灑脫又機靈」的風格很吸引我，我深深著迷於她樸實的神祕論、熱情、不朽的智慧和悅人的幽默感。

愛爾蘭作家凱特・奧布賴恩④曾指出，大德蘭是「一個危險的傢伙」。如此的警告確實是有道理的。大德蘭不只挑戰我們的思想方式，而

3. 繁體中文版由生命之母會出版。
4. 凱特・奧布賴恩（Kate O'Brien，1897–1974）

且能深深地改變我們的生活方式，最後是徹底轉化。她在人與神之間，把握住巧妙的平衡，邀請我們，看透完全過於人性的害怕，超越其邊界和狹隘的局限。她以銳利的目光徹入萬有真原的核心，邀請我們探究自己是誰，及能成為什麼，深入其中隱藏的美。她是一位聰明絕頂的嚮導，不斷地提醒我們，我們的生命有個目的，我們蒙召成為尊貴的，為我們所預定的，是遠超我們能想像的。這不是虛假的夢，或一個錯覺，而是有無限可能的大冒險，敲著天堂的門，觸及人心最深的渴望。

邊界之外

大德蘭的幽默，眾所周知。她很容易發笑；有個嘲弄她所有朋友的遊戲。她能夠笑自己，笑她很靈敏覺察的缺點，及可笑的俏皮話。我覺得她現在一定也在笑，其實我也是，想到這樣的一本小書，從這麼小的國家，飛到地球的另一邊，譯成中文，翻成古老悠遠文化的語言。我知道，大德蘭——或說至尊陛下——在此冒險之旅中，有一個目的，祂會樂於加以利用，使之成為祂獨特的設計。祂的道路高深莫測，永無終窮。願祂遠永受讚美。

我極感謝台灣加爾默羅修會家庭的善意與努力，翻譯並出版《愛的旅途》。但願跨出的這一步，加深台灣與愛爾蘭和英國修會團體之間的友誼和愛。

尤震・麥卡福瑞 Eugene McCaffrey, OCD
二〇一六年七月十六日 16 July 2016
加爾默羅山聖母節日 Feast of Our Lady of Mount Carmel

推薦序1

我讀我走我生活——在答覆一個邀請之後

林金月

剛看完在真善美劇院的試映片——《我出去一下》①，內心有些許的嚮往和迷惘，這顆心就懸空在那兒，沒個落實點。沒想到不久，就有幸接觸到這本書——尤震．麥卡福瑞神父的《愛的旅途》，真是如獲至寶。前兩年初讀聖女大德蘭的《靈心城堡》，不很明白，如今讀了尤震神父此書，他精準地掌握大德蘭的一瓣心香，滿腔愛火，又悉心爬梳城堡隱密幽微的路徑，用二十一世紀淺顯的語言，為我們深入淺出地詮釋「歸回」的愛之旅，透過加爾默羅聖衣會的流暢翻譯，我們心領神會何等有福！今後，走向祂的腳步又將會何等的輕盈！

1. 編自德國演員作家哈沛．科可林（Hape Kerkeling）同名小說，三十六歲的忙碌現代人哈沛健康欠佳、情緒沮喪，走上千年古道的朝聖之旅。想了解這條朝聖古道，請參照星火文化出版的《一個人的Camino》。

靈修是多麼神祕而抽象的字眼？《靈心城堡》又有許多象徵的語言，可尤震神父說：那是一個「向內的旅途」，「我們自己就是城堡，可是其內的住所，必須被發現和探究：城堡是給予的，但是房間必須被創造。」不禁讓我想到禪宗「菩提樹與明鏡台」的取譬，再高超的靈修，仍要植基於尋常生活之間。這是個愛的成長的故事，為了回應心愛主的呼召，我們得冒險踏上旅途，前方有無窮的可能：是探索、是成長、是美夢、是奧祕。「成長是生活中的惟一記號：在愛上成長，在服務上成長，在憐憫——基督的憐憫——上成長。」於是，我們走出去，然後又歸回，因為肖似主耶穌「在智慧與身量，在天主和人前的恩愛上，漸漸地增長。」（《路加福音》二章52節）於是我們的心神得以與天父相遇、相通，我們生命的窄軌拓寬了，得與天路接軌！

尤震神父說：「正是在靈魂內，揭示天主的奧祕；就是在這裡，是相遇之處，這裡就是旅途的開始和終結。」可這靈魂卻是真真實實的戰場：「魔鬼及牠所控制的蛇和毒蛇，這整團的敵軍，是全部旅途的一部分；牠們為城堡中自己的地位——毀壞性的地位——而戰。」大德蘭對罪的理解極為透徹，「罪是拒絕光明；是最黑暗的漆黑，遮蔽太陽，阻擋從城堡中心放射出來的光輝和美麗。罪堵住光明，驅逐其明亮，是必須被挑戰和徹底轉化的黑暗。」從「時時勤拂拭」到「本來無一物」就是從啟程到回家，逐步轉化，滌除罪汙暗黑，趨向圓滿光明的過程。

在短暫而珍貴的人生旅途，我們靈魂的房間勢必要擴大茁壯的，大德蘭吶喊道：「上主！祢知道真理，請考驗我們，使我們認識自己。」尤震神父詮釋說：「很深的罪根在每個人內」，甚至，必須「把斧頭砍在樹根上」，當我們謙虛地仰賴上主時，「祂會以十字架的陰影，擾亂我們舒適的世界：失敗、失望、誤解和反對，拆除我們小小世界裡，自滿自足的保護鷹架。祂會設法毀掉控制和自滿的藩籬。再一次，這個場景的設置，是為了一個嶄新、極大信德與順服的跳躍。」何其精微的覺察！感謝讚美主！祂是愛！祂的愛是不斷的行動和創造，全然超出我們想像的！

我特別喜愛尤震神父詮釋「默觀」，他說：「默觀是一種生活方式，一種觀看的方式，也是一種與天主建立關係的『存有』方式，是深深流露靜默與寂靜的地方。本質上，此乃關乎天主的主動性，而非我們的：是白白給予，也是完全不堪當的『禮物』。」我們可以做的，就是不斷地祈禱、聆聽，學習順服、開放和樂意放開——這是信德的大跳躍。當我們放開世物與執念，朝向天主開放時，天主聖神直接在人心內工作，於是，我們超性的房間正不斷擴大，而遠離自私自利自我。祂轉化人靈，使之成為祂自己的肖像和模樣。這是人、我的死亡與誕生，也是天主的邀請、召喚和美夢！

在《中庸》這儒家的典籍中說：「天命之謂性，率性之謂道，修道之謂教。道也者，不可須臾離也。」無論古今中外，在塵世靈修旅途中，我們常要提醒自己穿越世物俗慮，披沙揀金，追求真道、邁向愛與整全，彷彿，又可回到真璞美善的伊甸園，成為愛的忠僕。

「純真靈修旅途的惟一考驗，就是基督徒生活中結出的果實：行動湧自默觀，默觀養育生活。」多麼經典地歸納出我們操練的方式！原來瑪麗和曼德是互相需要，彼此成全的，「她們共同表達圓滿的基督徒生活：愛的服事湧自曼德的手和瑪麗的心。」透過這手這心，我們的意志與主耶穌基督緊密相連，當我們樂意承行主旨，獻出愛與生命服務他人，這就是答覆祂愛的召喚，是每一個靈修努力的目的。這是天堂光芒的閃現，天國預許的先兆！

清朝金聖嘆曾批註《六才子書》，也就是：《莊子》、《離騷》、《史記》、《杜詩》、《水滸》、《西廂》，因為這些名著作者都太有才華了！十六世紀聖女大德蘭的《靈心城堡》確屬靈修祈禱的曠世經典奇書，而讓我愛不釋手的這本尤震．麥卡福瑞神父的《愛的旅途》畫龍點睛般地註解《靈心城堡》，讓現代人可打開視野，可以輕易汲取這來自天上的甘霖，飽飫飢渴已久的靈魂，幾幾乎可輕觸這天堂窄門的門環了！這是多麼可喜可讚的福樂！

唯願上主賜予尤震神父身心康泰！

本文作者林金月：國立臺灣師範大學國文系畢業，曾於竹東高中執教二十八年，現已退休，目前在堂口帶領客家聖詠團，並參與監獄牧靈工作。一生追求上主的旨意，是淡水聖本篤修會終生奉獻的家修會士，也是加爾默羅靈修的追尋者。

推薦序2

我和里安修女

陳新偉神父

當年我還在神學院的時候，曾祈禱如有機會，我將為我們會母大德蘭、會父十字若望的書翻成中文，讓更多的華人能從這些靈修著作中獲得靈性的滋潤。①

嫉妒篇

來到臺灣才知道天主早就派遣了最適合的工人來完成這份艱巨的工程。她就是在前兩天（八月十二日）在醫院病逝，昨天我為她主持了和她告別的殯葬感恩聖祭。她就是劉加爾默羅母后 里安修女②，我曾嫉妒的，被天主召選的，讓我這位驕傲的會士，也被她的才氣和熱忱所感動的

1. 編者按，本文作者係臺灣大學外文系畢業。
2. 修女的會名為 Eliane of the Queen of Carmel, OCD。

一位隱修院修女。曾有過如此的嫉妒之心，正如我曾如此的看待自己的會母大德蘭，她不該天天往外跑去建院，我知道這是「男人」的驕傲。對里安修女，我也體會自己曾有過同樣的心情。她該好好祈禱就好了，翻譯已經讓她遠離了團體生活，她還要常給教友培育，她如何能和團體共融呢？

嫉妒，當然我知道這是我的偏見，同時，我也知道天主對我必有其計劃。果然和保拉姆姆（翻譯我們會父，會母著作的後面推手）③和里安修女多次面談後，才知道天主對我的指派。正如會母在改革男會士團體時決定他們該在人群中拯救外面的靈魂。我的嫉妒轉換成對天主的讚美，就正如里安修女常對我說的一樣：「願天主永受讚美！」天主的計劃總是最好的！我該是那位將天主美意，也就是把修女辛勤勞動的果實轉化成為弟兄姐妹的靈修食糧的那一位。

此我們成為了親密戰友，正如會母和會父一起改革時期的靈性互補，我也感謝里安修女常與我分享她的默觀使徒熱忱。我們都是十字若望的門徒，熱愛十字若望的黑夜。更懂得聖母的使徒精神。我們加爾默羅會士，不論在隱修院的修女，或在外的會士，都必須成為真正行動的默觀使徒。我們都是厄里亞先知子弟，為萬有的上主，天主，憂心如焚！我們都要將我們的聖召，放在每一個靈魂上。大德蘭說：「為一個靈魂，我可以死千

3. 會名李聖三保拉姆姆，哈爾濱人，現已九三高齡，欲了解這位靈修大師，可在網路搜尋保拉姆姆。

這些書都是里安修女翻譯出來的。

萬次」，就是如此的熱忱，讓我感動！里安修女就是能讓我感動而能熔化我的傲氣和嫉妒之心的人。

至深黑夜篇

在她突然重病，在加護病房裏，她對她自己的幾位「愛將」④吟誦了這首柳宗元唐詩「千山鳥飛絕，萬徑人蹤滅，孤舟蓑笠翁，獨釣寒江雪。」有時候，滅絕的環境並不是一無所有。能夠忍受那份空寂，才能夠在孤獨之中，領略到真正的寧靜和自由。這就是我們的靈修，十字若望的黑夜。黑夜是天主另一種形式的臨在，黑夜不是絕望，而是更深的滿足，因為那一刻，你佔有了天主的全部。我雖然沒有在場聽她的吟誦，但當我收到這首詩句時，我知道她已經準備好了。黑夜雖在，但那是幸福的黑夜，那是喜悅的黑夜。

今天我用摯愛的十字若望的黑夜進行第二部分的講道。黑夜的三個記號來　明里安修女靈魂的情

4. 里安修女多年來培育一批推廣加爾默羅靈修的平信徒，她暱稱為聖衣天使。

境。第一個記號：天主把靈魂放在黑暗的夜裏，為的是要乾枯和煉淨感官的欲望。然而面對死亡，感官和欲望即將完全消失，對未準備好的靈魂，那是極度的恐懼和痛苦的。但里安修女依然能平靜的如西默盎般希望能立即見到耶穌，這是修女的修煉，靈魂早就不受感官所控制。她的靈魂早就屬於天主的了。即使失去了感官和欲望，本應進入黑夜的痛苦，而對她而言，卻成了喜悅。

第二個記號：靈魂進入黑夜是因為靈魂自認為沒有好好侍奉天主而陷入痛苦和憂慮。然而此刻的修女在面對即將消失的生命中，卻感受到滿滿的愛。天主已經擁抱著為祂受苦的人。多次見證修女在為侍奉天主而必須承受的團體壓力，她的「願天主永首讚美」再再的彰顯她將天主的國擺在第一，自己的榮譽和生命擺在第二。此刻的她，天主已經除去了她的懷疑，靈魂因而得到滿足。

第三個記號：修女不可能在最後時刻能用感官做默想或推理。此刻除了天主親自親臨給予安慰外，沒有別的方式。天主的親自通傳唯有經過心靈了。此刻唯有純心靈愛的注視和平安的凝望。我們無法體會她被賜予默觀的安息寧靜和甜蜜悠閒中。但我相信，陪在她身旁的人必能領受到那一刻從生命消失中，她所散發出的芬香。

「孤舟蓑笠翁，獨釣寒江雪」，那一刻她已經「在唯有天主的滿足中了」（Solo Dios Basta）。

天堂篇：漫步花園——加爾默羅的花園，天主的花園

五月是聖母月，時值春末，繁花盛開，每天在修院的花園走路唸玫瑰經，觸目皆是美麗的花。一片色彩繽紛的非洲鳳仙，小徑兩旁的四季秋海裳，白色、鮮紅、粉紅、桃紅，一束一束間雜爭豔。瑪格麗特小白菊，彷佛耀眼的繁星，襯托在墨綠的葉叢。小黃菊不甘落後，伸長著花枝，朵朵綻放。

數叢天堂鳥，紛紛地吐露花芽，挺拔的花姿，鮮麗的橘紅雙翼，一抹深藍，宛如奔向天堂的鳥兒。再向前走，茉莉花已發出芳香，每天清晨，唸經歸來時，採滿一把香香的茉莉，送去給廚房泡茶。

這個時節，孤挺花到處開放，飛燕草迷人的搖曳在風中，花瓣兒紛紛飄落，深藍、淺紫、粉紅、雪白，多麼惹人愛憐。不久前才吐出新芽的馬拉巴栗，已是滿樹綠葉，冒出兩朵放射狀的白花，欣喜地向我打招呼。幾株桃李，還記得滿樹花兒的盛況，現在已是等待果子成熟時，嫩綠茂盛的葉子，把大地點綴得如此青翠。

歸途旁的小花圃，一株鐵炮百合有九個花苞，正含苞待放，其他較瘦小的已爭先地開放，百合花純潔高貴，最宜象徵著聖母真純至美，忍不住地佇足凝望片刻。

手中仍握著唸珠：「萬福瑪利亞，滿被聖寵者，主與爾偕焉，女中爾為讚美，爾胎子耶穌並為讚美，天主聖母瑪利亞，為我等罪人，今祈天主，及我等死後，阿們。」⑤一遍又一遍的聖母經，從我的內心飄蕩在修院的花園裡，這些草木花兒彷彿跟著我一起祈禱，全都成了我的摯友。我想起了《走進倫敦諾丁丘的隱修院》⑥書中的一段話：

> 靈魂的最深部分是惟獨保留給天主的，是「關閉的花園」，加爾默羅的意思是「花園」，而「與天主在花園中散步」，則是默觀的象徵。

這段話深深引起我的共鳴，道出我的心境。我的心沉浸在如此的純淨與單純中，任何的話語和文字都嫌庸俗和多餘，這些花花草草，沒有推理和爭議，單純地置身於天主內，傾聽大地向你吐訴：天主的愛永遠新鮮，天主的愛永遠多情。

在她的日記中，她寫下了這麼一段她曾翻譯的書中所寫的「靈魂的最深部分是惟獨保留給天主的，是『關閉的花園』，加爾默羅的意思是『花園』，而『與天主在花園中散步』則是默觀的象徵。」這句話，道出了里

5. 舊版聖母經。白話文版本為：萬福瑪利亞，你充滿聖寵。主與你同在，你在婦女中受讚頌，你的親子耶穌同受讚頌。天主聖母瑪利亞，求你現在和我們臨終時，為我們罪人祈求天主，阿們。
6.《走進倫敦諾丁丘的隱修院：體驗加爾默羅會傳統的祈禱》，瑪麗 ‧ 麥克瑪修女著，加爾默羅聖衣會譯，星火文化出版。

安修女的心境「我的心沉浸在如此的純淨與單純中，任何的話語和文字都嫌庸俗和多餘……單純地置身於天主內……天主的愛永遠新鮮，天主的愛永遠多情。」在人間的她，靈魂已經時常和天主同在了。默觀的生活讓她已經擁有天堂了。

最後的遺言

「我將會在天上繼續工作」，完全屬於天主的孩子，靈魂不會因為人肉體的湮滅而失去力量。十字若望說：「默觀無非就是從天而來的一種祕密，平安和愛的灌注。如果有此默觀，靈魂會在愛的心靈內燃燒起來！」那顆心緊緊的和活著的人靈相繫著。這也就是教會的諸聖相通功。天堂上的聖靈也在為我們祈禱！

里安修女，我知道你不會放過我的！⑦請為我的勇氣和毅力祈禱吧！咱們天堂見！

本文作者陳新偉神父：加爾默羅會士。臺灣大學外文系畢業後返回馬來西亞從商，四十二歲領洗進教，四十四歲入加爾默羅會。

7. 作者幽默的說法，的確，里安修女執著認真，並不因困難重重、資源缺少而卻步。

英文版序

英文版前言

欣逢聖女大德蘭誕生五百週年，論及這位聖女及其使命的無數新書紛紛出版。本書是新書系列中添增的佳作。作者已出過兩本相關的書：*The Writings of St. Teresa of Avila*（暫譯：《聖女大德蘭文集》）與*Let Nothing Trouble you*（暫譯：《勿容世擾》）。所以，本書可以稱為三部曲的最後一部。

本書名為《愛的旅途》*Journey of Love*，顯然是尤震神父愛的勞苦成果。他專注於《靈心城堡》的內涵，用易懂和易讀的語言去蕪存菁，捕捉書中躍動的行文，以及大德蘭傳達的冒險意識——「靈魂的偉大事業」（the great enterprise of the soul），他表達得真好。

《靈心城堡》是大德蘭全部著作榮冠上的寶石，基督徒靈修的經典。大德蘭斷續寫成此書，前後加起來大約幾個月，那是在她逝世前五年，也是她生命中非常憂苦的時候。當時，加爾默羅修會的改革，正面臨強烈的反對，她的健康也在惡化中。這本書比她的其他著作更有結構，充滿比喻，最主要的比喻是城堡。大德蘭一想到這個畫面，下筆的文句彷彿瀑布，傾瀉奔流。人類靈魂的美向她敞開，在天主神化的愛下，展現每一個人非凡的潛能。

如同作者指出的，大德蘭的書寫來自她豐盈的靈修經驗，有如回顧曾經走過的、綿延廣闊的旅途。同時，她也是蒙主特寵的女子、一位登峰造極的導師，即使她的一些經驗是不可言喻的，她仍生動地詳述與主結合的漫長旅途。有時候，她超拔，飛翔在高處；然而，她也很實際，踏實地面對「日常的瑣事」。特別是對於那些害怕進入旅程、討厭「進入深處」的人，她總是極力地誘導。

尤震神父的註解，帶著他先前所有著作的優點：單純、清楚，有時帶著迷人的抒情風格。他的行文自由奔放，章節小標題既有助益，又富啟迪。這是一本祈禱的書，讀起來優雅美麗、清晰易懂。

本書確實是「讀者的指南」，作者不可思議地掌握了大德蘭的思想，對於大德蘭有時天馬行空之處，他都能連接行文脈絡！他對重重住所的概論是優秀的——這麼的好，事實上，這本小書是理想的導讀，或者說，對於期望探索《靈心城堡》豐富教導的人，確實是個良伴。

尤震神父將原著及本註解的內容，漂亮地用三個詞彙加以歸納，將本書劃分為：邀請、旅途、回家。最後的成果實在令人振奮。總之，能夠肯定的是，《靈心城堡》這顆珠寶上，現在又多了這顆珍貴的寶石，這本註解確實帶領我們踏上愛的旅途。

文生·歐哈拉神父 Vincent O'Hara, OCD
二〇一五年十月十五日，聖女大德蘭節日

第一部 邀請

生命是一段旅途。到最後，重要的是畢竟還是旅途本身。這是起點，也是終點。我們往往漫無目標地走著，追隨一道黑暗的光，朝向未知的領域。那麼，是否我們能看見一個目的，聽到一個召喚，追隨一個夢——做個朝聖者，而非流浪漢，成為應邀的旅客，踏上回家的路。能嗎？我們**能**。

這個旅程不是許多步伐中的一個，而是一個深切的熱望。我們尋求的寶藏在裡面，比呼吸的空氣更靠近我們，比心跳更深。只需看看，藏在我們內心深處隱祕的夢、焦慮的思慕、無止息的憧憬。在那裡，有個**內在的**世界，一個祕密的地方，更真實、也更美麗，超越所有**外在**看得見的。

沒有先決條件，只是個邀請——來自我們存有的中心，一聲愛人的召喚：來！來！無論你是誰：如果是個不同的鼓聲，一條罕至的路途，怎麼辦？一句輕呼，勝過一個召喚，這仍然是真實，也是誘人的。其他的聲音起而競爭，不過，這顆心知道它真正的家。聽！聽你內在更深自我的呼喊。它跟你一起出生，也會一路陪伴你。

從何處開始呢？從終點開始：站在終點線上，回頭看。有一張地圖，一位嚮導，指給你道路。你並不孤單，這是個雙向的追尋。從中心射出一道亮光，挑戰黑暗。跟隨這光，感受其溫暖，沉浸於「放得開」的喜樂中。這和速度、力量或意志力無關。愛永不勉強，愛是奉獻。我們被吸引，被愛的引導繩①導引，到最後，被帶走——彷彿潮浪，衝向我們美夢的密室。

沒有人能為你行走此路。這是你的世界，留待探索、發現；使你成為你自我創作的一部分。當然，會有阻礙、陷阱、對抗、內在和外在的敵人，若非如此，你怎能成長呢？若非如此，又怎能把你愛的標誌放在你心的渴望上？

那麼，進去，進到裡面去，不要讓害怕使你退縮不前。當你踏上去，路會展開。惟有踏上旅途，引導追尋的內在聲音才會響起。讓愛指給你道路；順服於愛，在展開旅途的驚訝中，歡享愉悅。

1. 譯按，引導繩（leading-strings）：用以扶持幼兒步行的繩索。

無論是眼前的或身後的，
和那在我們之內的相比，
全是芝麻小事！

～詩人愛默生

愛默生（Ralph Waldo Emerson，1803–1882）：美國散文作家、詩人和演說家。

第二部 旅途

有個讀福音的好方式，就是從結尾讀到前頭。最後一頁的內容，點出其餘部分的涵意。那是最初經驗的方式。使宗徒們轉化、又翻轉他們世界的，不是耶穌的教導、祂行的奇蹟或傳教工作，而是第一個復活主日的清晨，從墳墓爆裂出來的新生命。這就是「好消息」（即福音）。就是這個，使他們興奮得無法呼吸，卻也是驚奇又困惑的震撼。疑問號化為驚嘆號。透過復活的燦爛明光來觀看，一切都變得有意義。跟隨耶穌，就是和祂一起行走愛的道路，走向璀璨光榮的新開始和新生命。這是他們帶到地極的見證，他們樂意為此犧牲性命。

當大德蘭邀請我們，和她一起走過心靈城堡的無數房間時，我們也必須如此，從抵達的終點開始。否則，我們會冒著毫無目標、盲目行走的危險：沒仔細看城堡找房間；費時地碰撞牆壁；掉落陷阱，或迷失在地下通道。她告訴我們，其中有「上百萬」個房間，我們必須設好指針方向的，只有一間。這是整個事業的任務指揮中心，是國王本人的房間，第二個天堂。就是從這裡，光明射出，發出召喚，使人聽到牧者的呼聲。

大德蘭是堅定不移的：城堡內的房間，並非井然有序地排列，到處都是房間，散布在上面、下面和旁邊。房間緊密相連，一間間接連著；發生於一間的事，會影響和支持下一間。繁複中有整體的合一；就像立體全像圖（hologram），處處都是整體的一部分。幾乎就像每個房間都伴著我們在旅途中一起行走，最後，在城堡最深處的住所，得到安息，也找到了我們的滿全。

我的終點即是我的起點。
～詩人艾略特

艾略特（Thomas Stearns Eliot，1888–1965）：
美裔英籍詩人、劇作家和文學評論家。

大德蘭彷彿登山者，眺望底下綿延廣闊的風景，她回首前塵，看到一路上許多「中途站」之間的相互影響。為了這個旅途，她盡力設置記號和路標。她希望鼓勵和擔保蹣跚的朝聖客：不要忽視更大的畫面，雙眼專注在目標上，不要害怕。對她來說，這是個持續不斷的雙向行動：從中心處湧流出光明和能量，混合並重疊來自外界的靈魂探索行動。朝聖客被光「引導」，最初邀請的微弱呼聲，最後響起響亮的召喚。

最初蹣跚的腳步，看似如此遙遠，與最後衝向中央的波濤又這麼的不同。不過，兩者仍有好多共同點：尤其是覺察到生命的圓滿在終點盛開，不能沒有在起步時，躊躇種下的脆弱種子。細心獻身與喜樂希望的初始住所，在後來的階段找到滿全，在那裡，在順服內心的極苦和狂喜中，夾雜著痛苦和喜樂。整個旅途的中樞在第四住所，巧妙地維持本性的工作與天主的工作之間的平衡。只有當我們回顧這個分隔，看到我們如何被強有力地「運載著」，因聖神的噓氣而被高舉，我們才會明白這召叫的涵意，以及我們所得禮物的豐盈。全是禮物，豐盈的仁慈和愛。

正是這一份愛，指引每一個猶豫的腳步穿越城堡。如果我們失去這個，失去的不只是意義，連旅途的喜樂和興奮也會失去。我們會行走，而非奔跑，會擔心害怕，而非欣喜地展開面前每一個新的冒險。從開始到結束，從城堡的護城河到城堡的要塞，從希望的微弱低語，到旅途終點的歡騰，這是個愛的故事。忘記分界線，忘記數目字，忘記所有關於「房間」的談話。只念及這召喚——心愛主的召喚——和新郎的聲音。這是你的生命，等待你單純的「同意」，以及迷戀之心的最初動情。

不知真理多麼靠近，
我們在遠處尋找。

～白隱慧鶴禪師

白隱慧鶴禪師（Hakuin Ekaku，1686–1769）：俗名長澤岩次郎，生於日本駿河國原宿，江戶時期臨濟宗著名禪師，中興臨濟宗，開創白隱禪一派。曾婉拒代表最高榮譽之「紫衣」，而穿著平實之黑色袈裟終其一生。後櫻町天皇加諡為神機獨妙禪師。十九世紀，經明治天皇追封為正宗國師。

《靈心城堡》是聖女大德蘭的代表作，是她主要作品中的最後一部，寫於她逝世前五年；當時，她六十二歲。確切地說，這本書開始寫於一五七七年的聖三主日，地點在托利多，當時大德蘭留在那裡已將近一年。七月時，她回到亞味拉，同年的十一月底完成這部書。然而，我們知道，有好幾個星期，她無法寫什麼。在亞味拉時，她先用大約六個星期寫書，後來再用五、六個星期寫完這本書。大部分的學者認為，實際寫這本書的時間是三個月，也許更短。如此一部文學和靈修的經典，是令人難以置信的成果，和聖十字若望花兩週寫的《愛的活焰》①如出一轍。

令人驚奇的，不只大德蘭在這麼短的時間內寫下《靈心城堡》，寫書的歷史背景甚至更為驚人。這是她生命中最艱難的時期：實際的恐怖統治已經襲擊革新的加爾默羅會，她一生的工作處於瓦解的危險中，她的美夢：一個嶄新、更新的加爾默羅，彷彿在毀滅的邊緣。她被禁足於托利多修院，受到教廷大使公開的責備和審查，她靈魂的至友與同伴，十字若望，遭到綁架及監禁。她的健康迅速惡化，但她還是持續地關心無數的實際問題，這些問題來自她所建立的許多修院，愈來愈嚴重。大德蘭能找到時間和精力，寫出這樣的傑作，是相當非凡的，眾所公認，這是她寫過的文章中，最優秀的著作。

1.《愛的活焰》已由星火文化出版，加爾默羅聖衣會譯。

用黃金文字寫成的。

～艾利森・皮爾斯

艾利森・皮爾斯（E Allison Peers, 1891–1950）：英國學者，《聖女大德蘭全集》及《聖十字若望全集》的英文譯者。

基本上，《靈心城堡》一如大德蘭其他所有著作，談的是祈禱。不過，本書涉及的更多：稱頌靈魂的偉大事業，尋求自身的更深意義，在人的渴慕和神的邀請之間維持平衡。大德蘭使用城堡的比喻，描述內在的旅途，靈魂走進最深的中心，即旋轉世界的靜止點（still-point），在那燦爛光明的地方找到活水泉，這是個樂園，上主找到祂的愉悅。

大德蘭的所有著作，最重要的是關於天主，《靈心城堡》也不例外。此書聲明天主以祂的臨在滲透並充滿萬物的事實。祈禱是背景，在此脈絡中，展開天人的關係。不過，大德蘭基本的見證是，在心靈的世界裡，天主是生活的天主，祂親自、親密且全然滲入我們人性的存在。大德蘭生活、行動所在的世界，事事對她講述天主，天主是她日常生活中最重要的部分。

這本書是「愛的交響樂中的混合旋律」②，是同一主題的變奏曲。這是一個邀請，去探究心靈的內在世界，在我們與天主的關係中成長。最重要的是，這是一個感恩與讚美的邀請。我們絕不能說，這和在生命的山腳下掙扎的我們毫無關係：那太崇高了，我根本不在自己的深處，我永遠經驗不到……。

大德蘭寫道，不是要使我們倉皇失措，而是要讓我們放心。她希望

2. Carolyn Humphreys, *From Ash to Fire: An Odyssey in Prayer – A Contemporary Journey through the Interior Castle of Teresa of Avila,* Hyde Park, NY: New City Press, 1992, p. 9.

我們知道隱藏在人心內的奧妙和寶藏。因知道而愛，在愛中，我們被「吸引」去發現在靈魂的城堡內，我們的富裕和深奧。除非已經知道其中的寶藏，我們不會開始踏上這個旅途。大德蘭承認，她不在意說出成千的蠢事，只要她能成功地帶領我們，看見這麼常被忽略或沒被發現的更深事實。她所描述的是真實的，不只為她，也為我們每一個人；她完全不是幻想或錯誤的想像。這是我們的召喚，是我們的天職，也是每個人心的終極旅程。

《靈心城堡》是對此召喚的純真回響。這一位女子，她瞭若指掌。她憑威信說話，如《福音》中的耶穌。她不是推測。她不是引述。她不依靠別人。她用自己的經驗，用自己的生命之書寫的，謙虛又真誠，與我們分享經驗。她清楚明白，曾有一段時期，面對自己難以抗拒的心靈經驗，她感到迷失和無法表達。她無法了解她遇到的事，充滿害怕和缺乏自信。

對大德蘭而言，這是個逐步漸進的過程，首先是認識**經驗**——天主在她生活中的神祕臨在——然後，惟有在一段長時間之後，才了悟發生於她的是什麼事。最後，她終於能夠不只經驗和了悟，而且**傳達**並與他人分享她的智慧。她能夠，如同凱特．奧布賴恩巧妙地說，以她手中的筆，進入天主的臨在，並記錄神性親密的奧祕。現在我們都受益於大德蘭通傳和表達的神恩。

大德蘭寫自城堡的最中心處。她回顧綿延廣闊的靈修旅途，並畫出清晰絕妙的行路略圖，指出援助處、危險地帶、路標、要尋求的事物、要避開的事物、有幫助的事物、會削弱我們的事物。她所寫的為她是真實的；她加以記錄，單純又清楚，沒有虛假的謙虛和感情。靠近她生命的末刻，她謙虛，但又誠實地承認，她其實進入了城堡最深處的「第二天堂」，體驗隨之而來的平安──接著，幽默又羞怯地說，博學者說她大有進步！擁有智者那麼大的智慧。

一位散文的傑出作家。

～凱特・奧布賴恩

凱特・奧布賴恩（Kate O'Brien，1897–1974）：英國小說家。

此時，談點大德蘭的著作，或許有幫助。她是一位非比尋常的作家。她從未寫過只為寫作而寫的書。她只希望述說自己的經驗，她也這麼做了，大多半是出於別人的請求；不過，一旦提起筆來，潛在的才華隨即展現。她具有表達自我的天賦，語句清晰、單純，加上靈敏的智慧，創作的想像，及對生命和人的知覺，這些是所有創意著作的要素。她的人情味、幽默和練達，沛然躍動於字裡行間。她寫自內心，寫自她心靈的深處。

她是天生的交談高手，她的風格，基本上是口語式的。確實，她承認自己的困難之一是，說得太多！大德蘭寫作即是講話；她的著作，未經編輯和潤飾，甚至到今天，絲毫不減損其人性的魅力。這個特質，使許多人愛她，也是她與天主的關係中，一個本質的因素。事實上，她整個生命——不只她的祈禱——就是朋友之間的親密分享。她不太在意寫作時的拼字、文法和文學形式。她用方言來寫，有時在深夜時，常常是在整天的奔波或繁務之後。她的著作充滿無數的比喻、寓言和個人的經驗，使之具有永遠的新鮮感。大德蘭很能做為「地方商家」的主保聖人：除非是品質好的羊皮紙、最好的墨水和最佳的羽毛筆，她一概拒絕使用。她堅持，這一切只能在亞味拉找到！她的原稿仍保存得這麼好，使這個寶貴的遺產能傳給後代人，全要歸功於這些優質的文具。

基本上，大德蘭是一位加爾默羅會士，她的所有著作，都必須從這一點來看。加爾默羅靈修的中心點，是**成為教會心中的祈禱者**，並且**幫助人走上祈禱的旅途**——找到內在的祕密門口，這會打開前路，通向充滿湧流的默觀祈禱。這可以用任何你喜歡的語詞來稱呼——「默想」、「收心」、「靜默」、「和天主的友誼」——全都是一個邀請，歸向開放，在人心內，心靈不斷深入再深入的行動。確實，除非我們把握其本質的方向和焦點，我們無法開始了解這內在寶藏的核心。

靈魂旅途的驚人故事。

～拉維尼亞・伯恩

編者按，拉維尼亞・伯恩（Lavinia Byrme），神學家、作家，撰有《大德蘭的生平與智慧》（*Life and Wisdom of Teresa of Avila*），原為修女，因女性鐸職議題與梵蒂岡牴觸，於二〇〇〇年出會。

一五七七年，當大德蘭在托利多開始寫這本書時，因總會長的命令，她被禁足在那裡，不許再創立任何修院。出於這個原因，她的摯友古嵐清神父（Padre Gracián）來探訪她。他們一起談話，說起一些其他的事，她的《自傳》[2]此時已在宗教法庭的手中。古嵐清擔心，此書可能永遠不得釋出[3]；也或許，他認為書的記述過於個人私密，不宜普及出版。於是，他建議大德蘭，另寫一本更客觀的書，把她十五年來逐漸形成的經驗，編寫出來。我們的上主也告訴她，不要摒棄這個主意，祂會幫助她。再寫另一本的想法，使大德蘭感到沮喪，但誰能責怪她呢？在如此困難的時期寫，健康不佳，還有這麼多要關照的事，她自覺只能像一隻鸚鵡，重覆敘述！她唯一的安慰是，為自己的加爾默羅會修女們寫，女人會更了解女人說的話。

大德蘭承認，起先要寫什麼，她一點概念也沒有。所以，我們要把時光向前推移，看看在她寫書之後大約一年，所發生的一個事件。大德蘭和她的同伴，從亞味拉前往撒拉曼加，途中因暴風雪，受困於名叫阿雷巴羅（Arévalo）的小鎮。一位好朋友，狄耶各·葉培斯（Diego de Yepes），是大德蘭傳記的早期作家之一，碰巧也在那裡。他們長談入夜，大德蘭向他坦訴，在她開始寫這本書的前一晚，天主顯示給她一個極美麗的水晶

2. 即 *La Vida*，繁體中文版《聖女大德蘭自傳》由加爾默羅聖衣會譯出，星火文化出版。
3. 釋放：原文 released，含有雙意，一是釋放，另一是出版。在此兩個含意都有，但這裡主要是指被宗教法庭禁止。

球，以城堡的外形做成的，包含七重住所——在第七和最深處，是光榮的君王，至極的燦爛輝煌中，使整個城堡光輝明亮又美麗。

這含意很清楚，此書的本質結構，依序展現：城堡是靈魂，天主在其至深中心處，向內的旅途，是個邀請，去探尋「靈心城堡」內無數的房間和重重住所。甚至連大德蘭也幾乎不可能知道，她的比喻被證實是多麼有創意和富於啟迪，給靈修字典——也給她的後代——一個嶄新和想像豐富的象徵，這個象徵永遠和她連結在一起。

極昂貴的珍珠啊！天堂容納不下祢，
祢卻選擇居住在我們內。

～戴比・彼德曼

編按，此為戴比・彼德曼（Debbie Peatman）撰寫的禱詞片段。

好的開始是很重要的，這麼說一點也不過分。大德蘭以種種詩般的畫面，靈活地設景：一座美麗的城堡，高貴的珍珠，種在奔流水邊的生命樹。打從一開始，主要強調的是成長、美麗和無窮的可能性。這旅途的崇高，已展現在朝聖者靈魂面前的，是靈魂自身尊貴的反映，整個奧妙的世界，等待著被探索。

最要緊的是旅途本身；城堡不是一個固定、靜止的實體，而是活的、廣大和開放的。我們自己就是城堡，可是其內的住所，必須被發現和探究：城堡是給予的，但是房間必須被創造。住所不是現成的：工具給了我們，可能性給了我們，美夢也給我們，這是個冒險，是一份愛的禮物、一個邀請，成為我們自己創作的一部分。正是在靈魂內，揭示天主的奧祕；就是在這裡，是相遇之處，這裡就是旅途的開始和終結。

西班牙文的這個字「*moradas*」（住所），把這個觀念表達得很好，此字含有「中途站」的意思，路途中的旅店。我們應邀休息，而非安頓；暫時停頓，而非停止旅途。當大德蘭談到不同房間的結構時，她表達相同的觀念。關於內在的城堡，沒有什麼是微小和狹窄的：確實有無數的房間，不是井然有序，而是錯綜相連。我們必須冒險，美夢能實現，只在於，一旦我們有勇氣去開始。一踏上了旅途，最初的第一步，最後會迴響在整個城堡內，每一重住所的每一個房間裡。

如果不投出一個陰影，
我怎能實際存在呢？
還有，如果要成為完整的，
我必須有一個黑暗面。

～卡爾・榮格

卡爾・榮格（Carl Jung, 1875–1961）：瑞士心理學家，精神病學家。

大德蘭深深著迷於人靈魂的美與尊貴。她找不到有什麼，能與其高貴的美麗和神妙的容量相比的。所有的美，從內而來，來自靈魂中心處閃耀的太陽，發出如此的輝煌和燦爛。向內的旅途，歸向不斷增強的光明，最後在旅途終點的榮光中，尋獲其圓滿。

不過，大德蘭也清楚覺察較黑暗的事實，即人性經驗的負面部分。被愛的光與能量轉化，是所有靈性修行的工作，這包括與對抗和反對的力量搏鬥。從一開始，她承認存有這些對抗的力量、困難和阻礙。無論如何，這黑暗不是因為「房間」有任何的缺陷，而是來自內在的敵人，用比喻說成「蛇、毒蛇、毒物」[4]。大德蘭用這些生動的畫面，承認有內在的力量，攻擊和拉扯著靈魂。

卡爾·榮格後來所說的「我們人格的陰影面」，及大德蘭所確認的「蜥蜴和蛇」[5]，都是有害的衝動，代表人精神上被忽略和壓抑的部分。這個戰爭實在太真實：展露的光明和內在的黑暗搏鬥。這也是個持續進行的爭鬥；因此，她不斷地強調，必須警覺及認識自我。除非我們人格的這個陰影面得到承認和接納，否則靈修的進步少之又少。

在這些有害的受造物背後，存在著一個更邪惡的力量：魔鬼，即黑暗的本身，這傳統的角色指出所有罪惡的來源，在靈修的旅途上，牠是每一

4. 《靈心城堡》1・2・14。
5. 參閱《靈心城堡》1・1・8；1・2・14。參閱茱麗安 ・ 麥克琳（Julienne McLean）《心靈旅程：進入大德蘭靈心城堡》（*Towards Mystical Union: A Modern Commentary on the Text The Interior Castle by St Teresa of Avila*） Second Edition, London: St Paul, 2013, pp. 130–44，中文版由上智文化事業出版。

個禍根和阻礙的化身。大德蘭與魔鬼有太多的會戰，對於牠的真實作為和存在，毫無迷思。魔鬼偷偷摸摸地工作，是個靜默的殺手，「好像一把無聲的銼刀」⑥，她警告，不可過於低估魔鬼的詭計，因為牠能裝扮成光明的天使，欺騙我們，輕而易舉。然而，魔鬼及牠所控制的蛇和毒蛇，這整團的敵軍，是全部旅途的一部分；牠們為城堡中自己的地位——毀壞性的地位——而戰。靈魂是戰場，到最後，必定是，或是戰勝黑暗，不然就是被黑暗征服。

大德蘭對罪的理解，只是加強這個事實。罪就是拒絕光明；是最黑暗的漆黑，遮蔽太陽，阻擋從城堡中心放射出來的光輝和美麗。罪堵住光明，驅逐明亮，是必須被挑戰和徹底轉化的黑暗。

那麼，場景布置好了，城堡的居民也已出列，進入光明的漫長旅途，開展在朝聖者靈魂的面前。偉大的冒險可以開始了。

6. 《靈心城堡》1・2・16。

探索未知世界的真正航行，
不在於尋找新的風景，
而在於有新的眼光。

～馬塞爾・普魯斯特

馬塞爾・普魯斯特（Marcel Proust, 1871–1922）：
法國小說家，著有《追憶似水年華》。

我們一越過門檻，大德蘭似乎急著全速向前：道路發出召喚，愛的鼓動是迫切的。這時候，沒有細節的描述，或清楚的標示，需要的只是對方向有個籠統的感覺。進入城堡的門，已完全進入眼簾，進入的唯一通路是祈禱和默想，至少對大德蘭而言是如此；這是她親自走過的路。

她極同情已達到此地步的人。她如同一位母親，盡全力支持和鼓勵。她實在太清楚，覺醒之愛的初動，和往昔迷戀自我放縱的翻騰，兩者之間的掙扎。她最掛心的是，我們不要放棄，以至落入灰心喪志：即使如此，也不要停止努力；儘管我們走的路蜿蜒曲折，我們的生活破碎片斷，天主能畫直這一切。成為「初學者」，是件大事：某人已經充滿熱心的開始，他已跨出上路的腳步，也明白，不要灰心或回頭看的重要性。

光明逐漸露出。我們會覺察到，並非全部都好。裝裝樣子是太容易的事了。然而，要答覆一個不同聲音的召喚，是不容易的，尤其是，當我們幾乎不知道召叫者是誰，或那個召叫是什麼時。我們願意聆聽，希望更忠信、更開放和更留神，也許這是第一次。祈禱滲入內心，這不只是「唸唸禱詞」，而是比話語或背誦的經文更深入的祈禱。內心開始打開，與天主的友誼冒出最初的新芽，無論多麼微弱，也有一個覺察，感受到更深的饑與渴，這是直到現在都幾乎未曾注意到的。

祂召喚我，大聲呼喊我，
猛力解開我的耳聾。

～聖奧斯定

聖奧斯定（St. Augustine, 354–430）：天主教會聖師。

這個階段標示出開始對靈性的事物有興趣；這顆關閉的心，受到初次的攪動，會在祈禱的團體、神恩的聚會、信仰分享的團體中找到安慰，開始尋求更實質的教導和訓誨。然而，在此階段的人，面對展開在眼前的大量工作，他們幾乎無法掌握；惟有逐步漸進地，才能辨識內心更深的跳動，發現聆聽和回應的方式，無論是如何的遲疑不決。天主直接說話和工作：透過書本和道理，透過生命的事件和環境。祂以隱藏和意外的方式，安靜地工作，其中有個覺知，在他們的生命中，充滿著天主的照顧和安排。

向來腳踏實地的大德蘭，在此加上一句警戒的話。這些人，雖然幾乎尚未開始，對生活能夠是理想主義者，甚至是浪漫派的人，以為應該會突然間成為神祕家和聖人。這裡不是降下瑪納的住所；這是個戰場，忠信與決心，和自私與空洞的夢想搏鬥。成長總是逐步和痛苦的；沒有捷徑，避不開全然的辛勞與獻身。天主知道如何等待許多天，甚至許多年。如果這顆心是健全的，一切都會健全，但必須是慷慨、忠信、專一的，無論發生什麼事！愛的微光隱約出現，尋找開始了，現在必須發展為個人的關係：與耶穌——我們路途上的伴侶——的友誼。這份認知，不是來自書本，而是在朝聖者的內心深處尋獲的。

新的洞見浮現：謙虛和自我覺知開始發芽，更私密的真相顯露出來。諸如許多的問題：在我的生活中，真的有德行嗎？有很深的修行和棄絕自我嗎？當我誠實地注視內心的鏡子，我真的是慈善的嗎？對待別人有怎樣的同情心和體貼呢？我是沿著幻想和自欺的櫻草花路，快樂地跳躍嗎？或者，可能只是裝樣子，敷衍了事？

這些和其他的問題開始露面，都是很好的問題，因為會打開認識自我和自我覺知的門。問題的浮現，往往來自困境，來自失敗感，這些可能不是那麼壞的事：光明總是好的，尤其當光明破除黑暗和迷思時。我們從敵人，比從朋友，更能發現自己；從暴風雨，比從平靜無事，學得更多。這是播種的時候，適得其時與其所的種子，會繁花盛開。祈禱是撒種子的田地；在這裡，時候到了，土地會結實纍纍。祈禱是絕不容忽視的種子；除了一次再次返回祈禱，別無選擇，沒有其他的辦法能滋養脆弱的嫩芽，和保護微弱的成長。

森林中兩條分叉路，
我選擇的是人跡稀少之路。

～羅伯特・佛洛斯特

羅伯特・佛洛斯特（Robert Frost，1874–1963）：美國詩人，曾四度獲得普立茲獎。1874年3月26日生於美國西部的舊金山。他十一歲喪父，之後隨母親遷居新英格蘭。此後，他就與那塊土地結下了不解之緣。佛洛斯特十六歲開始學寫詩，二十歲時正式發表第一首詩歌。他勤奮筆耕，一生中共出了十多本詩集。

大德蘭翻動頁面，新地方隨之展現，我們覺察，對在此遭遇的居民，她並非十分體諒！事實上，她多少感到不滿：已經到了十字路口，許多人退縮，不再前行。適逢道路岔口；必須做出艱難的決定，許多人下不了決定，或者是不願意。這是不應該的！是「禁止停車」之處，周圍都是雙黃線！然而，城堡的所有住所中，這裡是最擁擠的。當人已走了這麼遠，**為什麼要在這裡停下來呢**？

當大德蘭描繪已達此境者的樣子時，她同時清楚說明他們無法前進的根本理由。他們有了很好的進步：度著認真、秩序井然的生活，忠於祈禱和愛德生活，不計任何代價避免犯罪。可是，當通往更前方的門對他們緊閉時，他們就會受不了。事情不按他們的計畫進行，忍耐已超出極限！的確，這正是問題的所在！事不順心，即使是極其微小的反對和挫折，都會導致在旅途上轉身回頭，或是叫停。他們的生活安定、舒適又整潔，這些沒有一樣是福音的價值。

在各方面，這些人當然是模範生。所強調的重點是外表、引人注意、及討人喜歡的行為。因此，他們投身於「善工」、社會活動和宗教節目。真正的問題出在，「好」變成「更好」的敵人，是任何前進的障礙物。事事各就其位；理智仍受到相當的掌控；愛還沒有達到淹沒理智的程度。他們害怕冒險，怕啟程進入深處——怕進入未知之境，不敢放開他們的計畫，及自視過高的工作。

我們不能發現新的海洋，
除非有勇氣望不見海岸。

～安德烈・紀德

安德烈・紀德（André Gide，1869–1951）：法國作家，著有《如果麥子不死》、《地糧》、《窄門》、《背德者》等，一九四七年諾貝爾文學獎得主。

大德蘭是拚命似地想要幫忙，但不知該怎麼辦：這些人這麼精通德行，他們自認為無所不知，和他們談話毫無用處。她發現福音中富少年的故事（《馬爾谷福音》十九章16－22節），是個恰當的例子，正是她想要述說的。一開始寫這個住所時，大德蘭的腦袋裡想的是這位少年。這是一個「不能放手」的人，看不到超越他「完美」觀念之外的境界，也不能跟隨耶穌行走十字架之路。終究，接受或拒絕十字架，使事情大有不同。在妥協、平庸和自以為是的這個房間，十字架的陰影會做出裁決。這裡的十字架，無非是真理的利劍，及自我認識的痛苦。

謙虛和自覺，對大德蘭而言，幾乎是同義字；我們沒有覺察，很深的罪根在每個人內，或者不覺得必須拿斧頭砍在樹根上。大德蘭吶喊道：「上主！祢知道真理，請考驗我們，使我們認識自己⑦。」當然，祂會考驗我們，因為祂的愛是不斷的行動和創造；祂會用種種的方法，吸引我們歸向祂。祂會以十字架的陰影，擾亂我們舒適的世界：失敗、失望、誤解和反對，拆除我們小小世界裡，自滿自足的保護鷹架。祂會設法毀掉控制和自滿的藩籬。再一次，這個場景的設置，是為了一個嶄新、極大信德與順服的跳躍，全然無法想像的。

7. 《靈心城堡》3·1·9。

駭人之美，於此誕生。

～詩人葉慈

威廉・巴特勒・葉慈（W B Yeats，1865－1939）：
愛爾蘭詩人、劇作家，神秘主義者。

就在此時，大德蘭清楚得很，我們正在進入一個全新的世界：默觀祈禱與神祕恩寵的境界。當她在《自傳》中寫到這件事時，她說是另一個生命，一個新的生命，不同於曾有過的經驗：不是她自己的。而是天主開始在她內生活的生命。

這是轉變之處；整個靈修的景觀已經改變。我們站在一座橋上，面對新的路口；有個深坑出現，是我們不能獨自越過的深坑。我們不再操控：我們必須被帶領，彷彿小孩子，在媽媽的雙臂裡。景觀不同，「旅行」的道路不同，內在的水泉已找到全新又純淨的源頭。事事全然改變，「駭人的美，於此誕生」⑧，當內在的旅途向前邁進時，這個美，甚至更為駭人。大德蘭稱之為「超性」（supernatural），不過對今日的我們，這個語詞具有不同的含意。大德蘭真的是在述說默觀祈禱的開始。

我們是誰或我們是什麼，離群索居或有特別的召叫，這些和默觀都扯不上關係。處處可以找到默觀者；在廚房或隱居處，在工作的地方或修道院，有著同樣多的默觀者。默觀是一種生活方式，一種觀看的方式，也是一種與天主建立關係的「存有」方式，是深深流露靜默與寂靜的地方。本質上，此乃關乎天主的主動性，而非我們的：是白白給予，也是完全不堪當的「禮物」。默觀祈禱的本質是順服、開放以及樂意放手。在這裡，天

8. 摘自葉慈的〈復活節 1916〉（*Easter 1916*）。寫於愛爾蘭爭取獨立的復活節起義同年九月，約莫三個月前十五名起義領袖都已被處決。這次起義標誌著愛爾蘭獨立運動的轉捩點。

主直接在人的心內工作，轉化人心，成為祂自己的肖像和模樣。

是在很大的信德跳躍中，做出決定並放手的時候；口說順服，比實際順服，容易多了！在這裡，第一次，天主對我們變得非常真實，祂的愛，變成個人的，也是私密的——現在，靈魂「知道」天主在內裡。這個知道，不是指腦袋的知識，或觀念、概念，而是私密和經驗的認識。直到這時，我們的努力總是緩慢又辛勞。現在，聖神深入的震動和行動開始作用。這行動不在於我們的努力，所朝向的是接受天主的帶動；是個朝向超越的行動，且離開自私自利。

在我們整潔、有序的生活中，開始出現裂縫。我們沒有答案；甚至也不再問正當的問題。事實上，我們停止問問題，我們開始聆聽。我們覺察出來，自己的個性中，深處的缺陷和創傷：破裂的蓄水池，貯存不了水。內在的陰影，投出一道長長的、黑暗的影子，我們跌跌撞撞，一拐一拐地穿過城堡陰暗的房間。面對死亡與誕生，我們被要求從窄門進入。心理上、情緒上，有些什麼正在死去；心靈上，有些新的什麼正在誕生。身體痛惜所失去的，心靈卻歡躍於所發現的。

祢的道路可能會通過黑暗，
但卻會通向祢。

～佚名

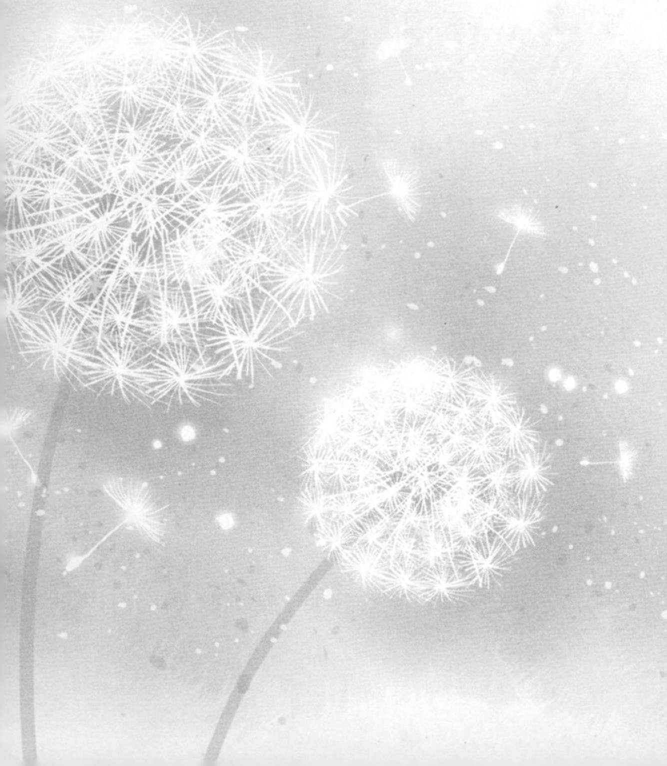

對於天主，一種新的、不同的領悟，開始浮現。天堂與塵世之間的面紗逐漸細薄。天主不再是「在外面」，而是「在裡面」，不再是一個「觀念」或一張「畫像」。祂大於我們能有的任何思想，祂在範疇與界限之外。我們的領悟變了，祈禱方式也會隨之改變。祈禱變成覺知天主的臨在，在等待的靜默中親密分享。我們生命的行動也起了變化：從思想到愛，從觀念到傾心留意，從做（doing）到存有（being），從計畫與組織到信任與順服。這是個全新與難於置信的（impossible）天主；我們與天主的關係，不再是任由我們去操控和牽制。

在起初，這個行動幾乎覺察不出。在我們靈魂內，天主更直接工作的這個行動，是無法確認的：那是出乎意料之外，不可預知的，如同初戀的經驗。彷彿越過湖面的小船，突然來了一陣順風，方向不變，多了微風的吹拂，小船順風前行。另有引導者：聖神的噓氣開始支持我們微弱的努力。天主做的，愈來愈多，我們做的，愈來愈少。祂應該興盛，我應該衰微。

大德蘭搜尋自己的比喻時，幾乎不可避免地，重回最愛的主題：水。《自傳》中，祈禱是灌溉靈魂花園的水，《全德之路》，水象徵耶穌許給撒瑪黎雅婦人的活水。到了《靈心城堡》，大德蘭巧妙地使用灌滿水槽的比喻。要把水槽灌滿，可以利用水管和輸水道，逐漸又緩慢地灌水，發出許多吵雜聲，要做許多費力的工作。或者，也可以藉著直接湧入水槽的水泉，靜靜地灌滿水，成效更好。水泉象徵天主的恩寵湧入的行動，在人心內安靜地工作。

大德蘭使用兩個西班牙文的語詞，更深刻地捕捉這個方向的改變：**contentos**（滿足愉悅），意指滿足或滿意；**gustos**（享受神味），或許最好的翻譯是，感受到心靈的喜樂和愉悅。滿足愉悅的意義是某種我們在很多人的活動中，包括祈禱，所能經驗到的；享受神味則是某種來自天主的東西。**基本的差異在於經驗的根源**：一個在於經由我們的努力，另一個是天主直接行動的恩賜——這是不能操縱或製造的。一個始於人的本性，終止於天主；另一個始於天主，終止於人的本性。覺知這個愛的臨在，大德蘭比喻為把香料放在燃燒的煤炭上，滿室生香。

人不會立即順服生命，
這是一輩子的事，
只能以畢生的歲月來順服。

～伊麗莎白・艾略特

伊麗莎白・艾略特（Elizabeth Elliot，1926－2015）：基督新教作家。她的先生吉姆在厄瓜多叢林宣教，因誤解遭原住民奧卡族殺害。她接續亡夫的使命，將福音傳給他們，殺害她先生的人後來當了牧師。

面對一個這麼重大的心靈與心理的轉變，如何反應很重要。我們必須接受我們不再能夠操控，在我們的生命裡，聖神的能力在主動地工作。我們不能操縱天主，或控制祂的行動：我們處在純是禮物的世界，置身於無邊無際、不堪當的恩寵中。我們的角色是順服、堅忍和放開：打開內心，接納天主自我給予的免費禮物。大德蘭設法畫出一張地圖，一個輪廓。不過，她會首先承認，這張地圖不是疆界圖。每人的旅途都是個人的，各有其形式和路線。然而，獲知有什麼特別又美麗的事正在發生，會令人深覺放心。雖有種種的徬徨和迷惘，還是暗示著，帶領我們的道路，指向超越我們領域的極限之外。

還有，很重要的，要記得每一份禮物，每一個天主的觸動，以不同的方式影響著我們。**先有經驗本身，接著是更恆久、積極的效果隨之而來**。這經驗可能是喜樂，可能是痛苦。能夠是整全的感受，及深入的愛和謙虛。不過，也能夠是一種痛苦、失敗和迷惘。漸漸地，非靈性的自我浮現出來，覺知我們的創傷、我們的失敗和我們的脆弱：從不可愛的自我，出現了黑暗的陰影。然而，除非擁抱陰影，我們不能擁抱真理。除非接納我們的「神聖創傷」、我們的「破碎」，我們不能成長達到整全——天主進入，正是透過我們生命的裂縫和破碎的片斷。

我們可能感到羞辱、失敗和挫折，像伯多祿一樣大叫：「主，請祢離開我，因為我是個罪人。」（《路加福音》五章8節）真能感受到極大的痛苦和絕望，然而，在其底下，全是天主在工作。最重要的，正是這個隱藏、永久不變的恩寵：內心更深的轉化。這**恩寵經常在那裡**。當天主進入人的靈魂，碰觸內心時，只為一個目的：喚醒愛，這愛只尋求給予和接納。到了最後，沒有其他是要緊的；沒有別的是真實的，只有天主對我們的愛，及我們對天主的愛——第一，也是最大的誡命。

我靈魂的房間太狹窄，
容不得祢進來；
願它因祢而擴大。

～聖奧斯定

此時，大德蘭引用一句聖詠，闡明她所說：「心的舒展」（參閱《聖詠》一一九篇32節）。為了騰出空間，接受神祕恩寵的湧流，被擴展是絕對必要的。默觀舒展內心，擴張愛的能力。此乃成長過程的開始——歸向天主，放開自我的狹小界限。也會吸引靈魂，進入更深的靜默和寂靜。

賦予第四重住所特色的祈禱，就是大德蘭所謂的「寧靜祈禱」。她說的「寧靜」，是意志的安靜：靈魂被天主占有，彷彿小孩子被抱在懷中。理智和想像沒有分享這個寂靜，腦袋備受成千的思想和分心折磨。事實上，腦袋無法理解所發生的事，除了努力不要掙扎，接受現況，做出愛的動作，靈魂能做的少之又少。在此，大德蘭說出她的著名原則，直入默觀的核心：「重要的不是想得多，而是愛得多；凡是最能喚起妳們去愛的，妳們要這麼做⑨。」

這裡所發生的是雙重的進展：超脫和依戀；依戀天主及其事物，更深地超脫，不執著於妨礙或阻擋祂擁抱的一切。天主逐漸吸引靈魂遠離受造物，同時吸引靈魂歸向祂。在完全相同的時間，默觀既清洗也淨化、分離又結合。這顆心非常清楚，它被事物以自私的繩索緊抓著，需要更大、更強的恩寵湧流來鬆綁。

9.《靈心城堡》4・1・7。

唯一的旅途是內心之旅。

～里爾克

雷尼・馬利亞・里爾克（Rene Maria Rilke，1875~1926）：德裔奧地利詩人。

我們和大德蘭同行，一起踏上城堡更深、更內在的地區時，我們體會到，對那擺在面前的工作，及現在所碰到的困難，她是多麼清楚。她甚至自問，關於這些事，或許什麼都不說更好；畢竟，述說是不可能的，因為其中大部分，理智無法了解。甚至連比喻都幫不上忙，因為要表達在此階段所發生的事，比喻實在是很不完備。

雖然如此，大德蘭展開第五重住所時，以安慰人又十分明顯的話肯定說，**不進入此住所的人很少**！她說的，不只是她的加爾默羅會修女們。她承認，臨在的方式有許多種——臨在具有更深的意涵，不只是在那裡。有的人只不過到了門口，從未穿越入口；有的會冒險地深入，中央處放射的美妙光輝，吸引他們前進。不過，對大德蘭而言，即使是進入此住所的門檻內，其實就是非常特殊和美麗的事。

本書一開始，大德蘭盼望的事情之一是，即使人未曾深入達到最內在的住所，他們也能獲知隱藏在人心內的富裕和寶藏，讚美充滿愛的奇事。畢竟，無論怎樣，經驗天主的臨在並非必要。天主以不同的方式，賜下祂的禮物給不同的人。重要的是，我們應該開放，準備好接納祂為我們打算的。大德蘭堅決無比：這個旅途，和身體的力量、理智或意志力毫無關係。這是**內心的旅途**。是愛和順服的工作；是我們的意志翕合天主的旨意：死於自我，活於新生命。

大德蘭常提起她所說的**寧靜祈禱**。這是她那時代的常用語，現代人卻難得一聞。顯然，「寧靜」之成為問題，係在意志——意志是愛的官能，或說愛的能力。為此，即使思想和想像非常分散和不安定，心依然維持在寧靜和寂靜中，專注於天主。天主以如此的方式「接觸」靈魂，致使靈魂不能懷疑祂的臨在和靠近。

當大德蘭談及**結合的祈禱**時，我們可能感到同樣的不自在；易於被這個措辭嚇到。基本上，結合的祈禱，是更深入、更個人化，及與天主親密的祈禱。所體驗的，不只是親密或靠近，而是合一和在一起。這是結合，是合而為一。一旦越過了第五住所的門檻，其餘的部分，是不斷加深的旅途，深入默觀祈禱的轉化恩寵。靈魂獲悉，天主是愛，這愛，藉著聖神傾注在我們的心中。這彷彿「戀愛」的經驗，被引進神性親密的擁抱中。也有一種無條件「被愛」的感覺：靈魂在天主內，天主在靈魂內。

然而事實是，現在所發生的事，仍然很難訴諸言詞。從《聖經》的觀點來說，我們談的是基督徒豐盈的愛，在其內繁花盛開：福音在人心內結實纍纍。靈魂被塑造成基督的肖像與模樣，成為另一個基督。愛起了作用，友誼繁花盛開，靈魂轉化為堅定不移的愛：愛天主和愛近人。

我的心坐在天主的臂膀上，
彷彿一隻栓住的獵鷹，
突然除去了眼罩。

～哈菲茲

哈菲茲（Hafiz，1325/1326～1389/1390）：
全名Muhammad Shams al-Din Hafiz。
哈菲茲被認為是波斯最偉大的抒情詩人之一。

永恆之愛的火焰，
燃燒於轉化之前。

～紐曼樞機

紐曼樞機（Cardinal Newman，1801–1890）：
英國的神學家，聖公會牧師，牛津運動的創始人之一。
一八四五年歸依天主教，一八七九年升為樞機主教。

我們絕不可以認為，像這樣的經驗，是持續不斷的平安與幸福的境界！絕非如此！的確，神性親密的「觸動」，有時是靈魂深深地覺察天主的愛與臨在時。然而，也有其他的時候——更是頻繁得多——對天主的體驗是不在、迷失，甚至被棄。經驗本身通常是短暫和飛逝的，能夠是喜樂或痛苦，光明或黑暗，臨在或不在。重要的是這個撞擊，及持續的效果，是些我們控制不了的事，彷彿是個燃燒的烙印，留給靈魂一個抹不掉的印記。

大德蘭承認，她不了解天主如何使自己臨在於靈魂內；她將之比喻為從密封的墳墓中突然顯現，或意外地出現在晚餐廳中。不過，她不懷疑為什麼祂來，及祂臨在的效果。祂來，藉著祂的禮物，使靈魂豐富，喚醒活潑的信德、堅定的望德和無私的愛德。在這裡，她的教導，她的經驗，與聖十字若望的一致：靈修的旅途中，唯一明確又安全的道路，是黑暗的信德之路、心靈的貧窮，及一道「愛的火焰」，必會「燃燒於轉化之前」。

愛人的心漸漸地被吸引，遠離阻礙成長和使生活縮小的一切，歸向放開心靈的迷思、虛偽和自欺。同時，加深所有培育和助長愛的一切。我們進入一個不同的世界，開始看清許多看似真實的謊言和欺騙。新的價值，新的眼界展開：處處玩弄的裝假和遊戲，全都褪了色，變得無關緊要，彷佛小孩抛棄玩具，轉向更實質的現實。

大德蘭說，不用奇怪，這可憐的靈魂往往會慌亂和沮喪，焦慮憂苦，害怕走在錯誤的道路上。她說這話是出自痛苦的經驗。處在生命的這個階段時，她遭受極大的痛苦，因為缺乏博學與明智的指導。很少人了解她，或相信她的經驗是純真的。很長的時間，她以為自己要不是被魔鬼，就是被自己的想像欺騙了。她常得到很糟的勸告，那些「愚蠢」的神學家，不了解天主的道路，或聖神的工作，加給她的只是痛苦和混亂。怪不得她這麼強調認識自己、謙虛和常識。

你生來具有翅膀，
為何偏愛爬行度日？

～魯米

魯米（Rumi，1207–1273）：十三世紀伊斯蘭教蘇菲派的重要詩人。他的作品於十九世紀始被引介到西方世界。被許多歷史學家和現代文學家視為人類歷史上影響力最大的詩人兼哲學家之一，其歷史地位與中國李白、杜甫，西方的但丁、莎士比亞媲美，至今被公認為世界文學中的珍貴瑰寶。

大德蘭再次回來談比喻和象徵，幫助她表達想要述說的，即使先前她已說過，所有的比喻都是不充足的。看來，在蠶和蝴蝶的比喻中，她找到所想要的，這是她所有的比喻中，最著名的，確實也是最動人的一個。

蠶的觀念使大德蘭著迷，雖然她承認，從未真的見過一隻！她的描述巧妙動人，用蠶來說明現在發生的轉化。開始時，蠶是一粒小卵，幼蟲吃食桑葉，漸漸長成毛毛蟲，小毛蟲依附在細枝上，開始吐絲作繭。蠶繭內的毛毛蟲好像「死了」，卻漸漸轉化為可愛的蝴蝶。這是個**徹底轉化的歷程**：醜陋的大蠶蟲，從蠶繭中出來，變成一隻美麗的白蝴蝶。大德蘭認為，繭代表與基督不斷加深的關係。靈魂完全沉浸於其中。被聖神的光與熱餵養，靈魂改變——轉化——成為意想不到的：一隻美麗、自由，卻又輕巧的蝴蝶。

大德蘭需要這個比喻。城堡對她來說，還是不夠創意，無法表達想要述說的自由和成長。蝴蝶的比喻，點出此時發生的轉化：不只成長，而且是新的存在方式，一個蛻變，使那平平凡凡的，如小蟲或毛毛蟲，轉化成非比尋常又漂亮的美麗蝴蝶。

雖然如此，大德蘭強調的，與其說美麗，不如說是自由。靈魂已獲得釋放，鬆開了綑綁，不再受縛於塵世。當妳能飛翔時，為何要爬行呢？能探入廣闊無際的天空時，為何偏要局限在桑葉上呢？為這一切新發現的自由，這隻「小蝴蝶」卻感到「無法休止」！她尚未圓滿地占有心愛主。她願意飛走，好能與她的天主同在，除了享有那圓滿，她不能安歇在任何地方。在自由的喜樂和單戀的痛苦之間，她被撕裂了。無法休止、渴慕、追尋、切盼——這些是大德蘭說的話語，為她打開進入第六住所的大道。

愛人相遇的地方。

～蘇珊・慕洮

蘇珊・慕洮博士（Dr. Susan Muto, 1942–）：
美國的靈修作家

大德蘭現在擱下蝴蝶的象徵，換成另一個比喻，進一步發揮她的思想。她找到的是婚姻的比喻，表示天主與靈魂之間的關係。事實上，婚姻的比喻連結此書最後的三個部分⑩，使之合而為一。她明白，這只是個粗略的比喻，但是她找不到其他的說法，更能好好表達她想要述說的。她簡略地描述婚姻的不同「階段」：兩位愛人**相遇，訂婚，及結婚**。大德蘭認為，每個階段代表最後三重住所的成長與發展：相遇，是天主與靈魂之間親密的「邂逅」；訂婚；及最後「愛的結合」，在城堡最深的房間尋獲其圓滿。

首先，初步的行動是：天主和靈魂彼此認識。初戀陶醉期的所有美事，都在此發生：愛的殷勤、交換禮物、渴望在一起，分享時間與同在。天主逐步漸進地護守靈魂，讓靈魂知道祂深奧的愛，吸引靈魂達到更徹底和完整的順服。

婚姻之愛的象徵，必然使大德蘭想起另一個聖經的比喻，即《雅歌》，這是最美、最華麗的情詩之一。雖然《雅歌》只有一次提及天主，卻常常被解讀為天主和以色列民族之間愛的關係——或者，對基督徒來說，意指基督對教會和每個人的愛。此書賦予許多聖人和神祕家寫作的靈感。基本上，這是一系列的熱愛情詩，兩位愛人——新娘與新郎——熱烈

10. 意即，連結《靈心城堡》最後的三重住所。

地追求，最後終於發現，彼此在愛的擁抱中。

大德蘭從《雅歌》中只引用兩處詩句：「**酒室**」與「**新娘**」的比喻，新娘心煩意亂，憂心如焚，四處尋找她的愛人。酒室是愛人相遇的地方，在那裡發生最親密的交換。新娘「被帶進」那裡：她不是自己進去的，她被愛人「拉進去」；她發現已找到她的愛人。酒是喜樂與沉醉的象徵，常會奔流洋溢，在愛的愚蠢中，找到表達的話語；在同一時間，能夠是全然的讚美、喜樂和至極的著迷。用理性的標準來判斷是不對的。大德蘭附和聖保祿的話：「我們為了基督成了愚妄的人。」（《格林多前書》四章10節）因為愛會做出蠢事。誰會希望愛是理性、支配、斤斤計較、不犯半點過失的呢？愛若不逐夢，不爭求不可能的事，幾乎配不上這個名稱。愛有其理性，是懂不透的理性。

留守在祂的聖意內，
就是我們的平安。

～但丁

但丁（Dante, 1265–1321）：義大利名詩人，《神曲》作者。

默觀祈禱的整個目的，是促成愛的結合，使我們的意志與天主的旨意合一。此乃靈修旅途所講述的。大德蘭被引導的道路，並非人人適合。天主沒有賜給每一個人直接「經驗」祂的臨在，或特殊的恩惠。有另外的道路：忠信之路、慷慨之路、順服之路；就是在日常生活中，努力承行主旨的道路。這是旅途中，每一個階段的目的：說和認真「奉行祢的旨意」。

我想起但丁的動人話語，「留守在祂的聖意內，就是我們的平安。」可悲的是，對於天主旨意的這個觀念，我們常做出消極的反應：以為那是強迫我們，約束我們及必須「接受」的事。**我們忘了，天主的旨意，無異於祂的愛，而且是一種愛的表達**。天主想要的只有一件事，就是我們的益處；祂希望愛我們，喚醒我們的心，使我們「藉著愛，生活在祂面前。」（參閱《厄弗所書》一章4節）特殊恩惠之路並非人人合適，也不是絕對必要的，然而，**愛的道路卻是絕對必須的**。愛是一個決定——決定開放我們的心，接納天主愛的禮物，盡最大的能力，跟隨福音的道路。天主不強迫人接受祂的旨意：祂邀請我們，用「愛情的帶子」（《歐瑟亞先知書》十一章4節）吸引我們到祂那裡。

至於我們方面，必要的回應是「盡力而為」。我們能達到基督徒愛的圓滿，如果我們盡所能地回應這個邀請，開放自己，接受這份愛的禮物。

耶穌提醒我們，如果你們愛我，你們會遵守我的誡命；最後，祂的誡命歸納成最簡單的道路：愛天主和彼此相愛。我們真的太常強加自己的意願給天主，向祂硬性索求和指望、玩遊戲和考驗天主。然而，真實與決定性的考驗，是**我們度生活的方式**，及我們愛的品質。

順服之心的道路。

～凱洛琳・韓福瑞

凱洛琳・韓福瑞（Carolyn Humphreys）：加爾默羅會美國在俗第三會會士，專業治療師。著作：From Ash to Fire: An Odyssey in Prayer – A Contemporary Journey through the Interior Castle of Teresa of Avila。

第六重住所共有十一章；在整本書中占極大的篇幅。大德蘭的全部著作中，這個部分是最私密和自傳性的。這是她自己的故事，訴說沛然賜下的恩惠、恩寵和神祕經驗，及隨之而來的許多困難和折磨。這些篇章讚頌訂婚的恩惠，及所伴隨的淨化與轉化的全部經驗：此即內心順服之路，不可言喻地被吸引，進而體驗神性之愛。

這是順服的旅途——漫長、驚恐、痛苦的順服。在心理、情緒、心靈和時間上，都是漫長的——因為大德蘭說，我們必須度過許多、許多年之後，才會被帶進城堡的最中心區域。大德蘭認為，記載她的經驗是要緊的事。在她的時代，關於此事寫得極少，她希望把所得的知識與智慧，傳給她的加爾默羅會修女們，也給能從中獲益的人。

在這重住所中，天主的行動更加強勢，遠超過先前曾有的一切：神性之愛的親密通傳，傾入人的心中。在此旅途中，以一種非常私密和存有的方式，靈魂體驗到「基督的無限富裕」（參閱《厄弗所書》三章7節）。這不只是引述聖保祿的一句話，這是個事實，在這裡，深奧的知識與喜樂，和深切的痛苦與疼痛，並肩而來，靈魂經驗基督的被釘，及復活主的光榮，彷彿被撕裂於兩者之間。重返已說過的比喻：「內心的舒展」，在此，內心被伸展，達到滿滿的容量，能接納恩寵的湧流。天主在靈魂內，

啊！愛的活火焰，
溫柔地觸傷我的靈魂
至深中心點！

～聖十字若望

以深奧、私密的方式，運用祂的大能工作，吸引靈魂進入徹底和完全的順服。

如同聖十字若望，大德蘭談及「愛的傷口」[10]，現在這個語詞得到圓滿的意義和詮釋。天主已成為「天上的獵犬」[11]，追求靈魂，如同嫉妒的愛人，「不計任何代價[12]」地求愛。**祂什麼都要，也拿走一切，因為祂想要給出一切**。無所保留，必須絕對的毫無保留。必須全然自我委順——此一順服，靈魂無法單獨做到，無論她多麼願意完全順服。大德蘭認為，這個順服的完成，有賴於她獲得許多特別的恩惠和恩寵，不過，基本上，是因聖神深奧的工作與大能而導致的。沒有比《聖經》的這句話更合適：「天主是吞滅的烈火」（《希伯來書》十二章29節）。

10. Spiritual Testimonies 59:18, in the collected works of St. Teresa of Avila, vol. 1, Washington, DC: ICS Publications, 1987.
11. 湯普生（Francis Thompson，1859–1907），英國詩人。1893 年寫了一首詩「天上的獵犬」（*the Hound of Heaven*），描寫一個逃避神的詩人，被神追蹤，而後被捉到的過程。
12. Adapted from T S Eliot, ‘*Little Gidding*’, line 254, in his *Four Quartets*.

這個特殊的因素，比起先前所有的一切，是更高的層次：一切都在擴大。內在的祈禱境界加深；靈修生活的深度增強，所經驗的痛苦和受苦亦然。這裡和聖十字若望的著作極為相似，尤其是《心靈的黑夜》[13]。大德蘭和若望都無微不至地，詳述淨化的等級和深度，這是天主能與靈魂在愛內結合之前，必須經歷的。大德蘭多半把這個痛苦定位於外在的因由，或許是反省她自己的生活，這麼地捲入管理修院的重擔，及備受嫉妒的反對與誤解的折磨。十字若望，則是另一方面，他比較專注在天主的直接行動，及聖神的工作上。不過，兩位的基本重點都是天主的工作。這不是偶然發生的：是聖神的工作預備、潔淨和淨化靈魂。

13.《心靈的黑夜》已由星火文化出版，加爾默羅聖衣會譯。

愛的標記不是心，
而是十字架。

～佚名

第六住所，實質上是一種分享，是十字架的奧祕。十字架內含有所有驚恐的黑暗和遺棄——山園中的害怕和極苦，加耳瓦略的被拒和捨棄：我的天主，我的天主，為什麼，啊！為什麼捨棄了我，一切都在瓦解。直到現在，靈魂藉以自我保護的小伎倆——逃避、隱藏的地方——都沒了。現在有的只是沙漠，在沙漠裡，無處可以隱藏。

除非有人引導，我們不能找到離開沙漠的道路。那裡沒有路標；除了沙土，還是沙土，我們辨認不出東西南北。撐住我們的支持被拿走，已經蓋好且小心看守的建築物，也被拆掉。曾經給予力量和養料的光明和確信，已經不復存在。真實的感受是迷失，走投無路。這隻小蝴蝶看似這麼自由，又這麼靠近所嚮往的一切，現在卻彷彿失去了一切。這是折磨人的自我懷疑，無休止的極苦，及不斷地害怕受騙和幻想。

最後，除了愛，什麼也沒有留下——沒有其他的東西養育靈魂，即使她確信，事實上，她沒有愛。這是聖十字若望說的 *Nada*（虛無），按其最極端的觀點：一無所有，是為了無所不有，為了愛，而一無所愛，為了生而死。惟一存留的是愛：那深奧的愛，終於成為不朽的，也是惟一的因素，會帶著靈魂走上其餘的旅途。

「創傷」是個準確的說法，指出在熱烈的渴慕和無休止的渴望之間，靈魂被撕裂。靈魂覺察被吸引離開她的自我中心，卻又不知要往何處去；如同《靈歌》中的新娘，尋找她的心愛主，或像瑪麗德蓮，為了失去的那一位（One），在墳墓外哭泣。當靈魂覺知天主在近旁，就在那裡，會喜樂地歡慶；然而，當祂彷彿不在時，無非就是痛苦和孤寂。就某種意義而言，天主正在侵入靈魂，占有她，拿走靈魂願意給卻給不出來的，陶鑄和塑造她，為接受終極的禮物——祂自己。

我們能希望獲取的惟一智慧
是謙虛的智慧：
謙虛是無止境的。

～詩人艾略特

在第六住所，大德蘭記載她得到的一些特殊恩惠與恩寵：神見、神魂超拔，及耶穌對她說的愛情話語。這些經驗使她極其謙卑自下，同時，也充滿不可言喻的平安，及只求順服的愛，以無私的服事獻出自我。她的心愛主會以無數的方式，鼓勵她，支持她從事的工作，向她顯示其聖意的崇高和奧祕。

大德蘭在此背景下，談對謙虛所得的深奧洞見，這個主題向來不離她的思想。當大德蘭頓悟天主是至高的真理，「謙虛就是行走在真理中」[14]時，她驚嘆，謙虛竟然是這麼一個本質的修行。我們本來是一無所有，一切所有和所是，無不從祂而來；如果我們不承認這事，就是行走在謊言中：**我們必須成為一無所有——什麼都沒有，好使天主能使我們有點什麼**。她說的真理，指的不是不說謊話，更好說，是指滿全所有真理的真理：惟獨天主是絕對的真理，其他的一切，與祂相比，是空無和空虛，要進入最後的住所，靈魂必須擺脫所有的幻想和謊言；她必須徹底地植根在絕對信靠天主的真理上；最後，了悟事事物物全是「禮物」和豐盈的慈悲。

因此，重要的是，要記得，大德蘭描述的是她個人的旅途。對她來說，這些經驗是非常明顯的，有時這麼難加以抗拒，有時也太過於公開。

14.《靈心城堡》6·10·7。

然而，對於其他的人，絕大多數的人，是不必這樣的。只要想想里修的小德蘭，她從未經驗像那樣的神祕恩惠，但是，她的渴望和切盼，卻是她的「真正殉道」⑮。天主在她內工作，這麼深入和隱藏，連最靠近她的人都覺察不出，那愛的急迫渴慕，在她內激起的「無限領域」⑯。

15. 參閱 *Story of a Soul: The Autobiography of Saint Térèse of Lisieux*, Washington, DC: ICS Publications, 1996, p. 193。
16. 取自聖女小德蘭的書信 229，Saint Térèse of Lisieux: General Correspondence, vol 2, Washington, DC: ICS Publications, 1988。

讓我聽見妳的聲音，
因為妳的聲音柔和可愛。

～《雅歌》

大德蘭的全部著作中，有一個中心主題，亦即在靈修旅途中，尤其是祈禱的道路上，基督的角色。她書寫這事，熱情洋溢，準備好要和任何人辯論她的觀點，甚至和那些似乎不同意她的博學者。她向來能以親身經驗的果實，確認所說的每一件事。她已經在《自傳》中說了這事，在那裡，她悔恨曾犯的過錯，以為專注於基督是默觀祈禱的一個障礙。十五年後，現在，她感到必須再述說這個主題——再證實她對基督的親身經驗，及祂臨在其生命中的首要事實（central reality）。

她特別警告，要提防假神祕主義的危險，及任何對人性的不健康忽視。根本上，這是一個否定，捨棄的不只我們人性，更是拒絕基督降生的美麗和奧祕。我們不是天使，我們是世上的人，有身體上的需求，這些必須經常被承認和尊重。隔離靈修和現世，是一個錯誤和惡性的圈套。基督、祂的母親和聖人們，沒有生活在真空中。天主來和我們相遇，如我們之所是，在我們所在的地方，而且總是在「日常的瑣瑣碎碎[17]」之中，找到我們。基督是道路；大德蘭認為，別無其他的道路。無論我們行走的是小山丘，或山谷，或較崇高的山路，祂是我們的伴侶，我們的嚮導，我們旅途的夥伴。

不過，大德蘭還有另一個問題，非常實際：在默觀祈禱的經驗中，

17. 摘自 Patrick Kavanagh, *'The Great Hunger'*, part IV。

基督在哪裡？畢竟，人家告訴我們，默觀祈禱是無形像的祈禱，是對天主「黑暗的認識[18]」，直接湧入靈魂。答案不在於避開基督，而在於理解祂臨於我們的種種方式。一個方式是思想、形像、話語與反省：和基督交談，從省思到愛的對話。這是很好的，也是我們必須一再回來使用的方法。然而，還有另一種方式。許多人不能做那樣有條理、或有組織的默想，不只因為他們的腦袋過於不安定和紛擾，也因為他們被帶領行走一條不同的新道路。「默想」，他們已經知道，不只難於忍受，也是做不到的事；這條祈禱之路，他們已走到盡頭，且被吸引進入另一條道路，亦即默觀祈禱之路。

靈魂現在需要的，是一種更單純，更直覺的祈禱方式；不必唸唸有詞，以喚出基督或神性事物的形像和思想。往往一個字，一個語詞或單句，就足以使腦袋歸於寂靜和靜默。理智和內心處於「開放狀態」，領悟更深的實體（reality），寧靜地留守其中。沒有必要專注於明確的細節或形像：內心留守於覺知之中，知道祂臨在，祂在近旁，也知道祂愛我們。

這是默觀祈禱的開始，遠離話語和思想，歸向更內在和靜默：說得少，聽得多，理智沉寂安靜。重要的是，進入這個臨在，不怕「留守」於其中。基督沒有被冷落或忽視；更好說，這是個邀請，吸引人更深入祂愛的奧祕，甚至更親密地與祂結合。

18.《攀登加爾默羅山》2．16．8。

愛是無止境的奧祕，
因為完全無法加以解釋。

～泰戈爾

泰戈爾（Tagore，1861–1941）：印度詩人，一九一三年獲諾貝爾文學獎。

要怎樣開始講述城堡的最內在區域呢？人的言語有限，密碼滿頁（ciphers on a page）；象徵和形像失效。大德蘭切身體會這個不足，不知道是最好什麼都不說，草草數語，就此結束。甚至還會覺得是令人掃興的結局。先前階段的高度戲劇性和騷亂，轉變為寧靜，及休息和完成感。從最深處放射的光，溫和地湧現，靜默地進入靈魂。小蝴蝶終於找到了安息，靠近心愛主的心。第七住所是天主自己的住所。因為，正如祂住在天上，同樣，在每個人的深處，祂也有個單獨居住的特別地方。這是靈魂最內裡和最深的中心，第二個天堂，平安的住處。

現在顯示給靈魂一個嶄新又驚人的世界，有些「眼所未見，耳所未聞的」（《格林多前書》二章9節），在城堡的中心，從愛的輝耀中心湧現。描寫敘述不再是非常難，而是不可能辦到。所顯示的不只基督的臨在，或與祂不斷加深的關係，而是和生活的天主相遇，是在聖三的心內顯示的。經由一種奧祕的認識，過於美妙而無法描述，揭示的是所有最深奧的真理，靈魂眼睛的鱗片被除去。神祕旅途的最高峰，是進入天主聖三奧祕的入口：獨一無二的一（Oneness）隱藏在聖三的心內。

大德蘭之前憑經驗接受的，現在她以內在的視覺了悟。聖三三位一起通傳給她，對她說話，解釋我們的主耶穌在《福音》中的這些話：祂與父及聖神，要住在愛祂、遵守祂誡命的靈魂裡（參閱《若望福音》十四章23節）。彷彿是這樣，她幾乎能「看見」聖三三位印在她的靈魂上，也不能只想其中一位，而不明白三位全在那裡。現在是直接、立即的認識與覺知，不只是基督，而是聖三。

不只對天主的奧祕有新的了悟，也爆發出新的生命，分享祂創造、救贖的行動。也許是個「平安的住處」，但並非「休息」或懶散。這是有所不同的平安：實質的平安，隱藏在靈魂內在的深處，「世界不能給的平安」（參閱《若望福音》十四章27節），那不是什麼「外表的」事，極樂或平靜的狀態。如果可以說的話，那是爆發新創始與重新冒險的起點。

生活翻滾於無情的挑戰中，包圍著錯綜複雜的個人問題，及每一天的決定。大德蘭逝世前十年，獲得神婚的恩寵。身為創會者，工作尚未完成，她還得面對排斥革新修會的痛苦敵對，這些反對來自教會的職權、市政當局及最親近之人的背叛。雖然健康日衰，她還有一段很長的路要走，兩部主要的著作及上百封的信要寫；她是服事心愛主的朝聖者，為基督而為成傻瓜。

現在，洋溢她生命的心靈活力和使徒熱忱，其圓滿落實，只在於無私的服事，及懷著無比的熱情，尋求教會和天國的來臨。如此的熱情，驅策她奔波於西班牙各地：每到一地，就興建祈禱的綠洲，為教會代禱，在那裡，基督是君王，祂的母親受恭敬，並供奉至聖聖體。在此階段，靈魂被賦予天主的生命，從她的至深中心放射出來，神化她的每個行動。她不但安息於神性的臨在，也分享祂在世的創造行動。非常單純，現在事事都不一樣——一個新的現實（reality），及一個嶄新的世界。

有一個字，
會釋放生活中所有的重擔和痛苦，
這個字是愛。

～索福克勒斯

索福克勒斯（Sophcles, 495?–406 B. C.）：古希臘的悲劇詩人。

靈修旅途後來的階段，所使用的語詞，很容易使人氣餒。那些話給人的印象是非凡又深奧，不是普通的朝聖客會達到的。也許是如此，不過，重要的是事實，而非話語。基本上，《靈心城堡》是愛的故事——這愛，使其他所有的愛，到最後都被銷毀；每個新腳步，展現多面鑽石的不同刻面。旅途歸向愛的住所，從最深處的房間，放射出光輝燦爛的光芒。

愛是相同的，無論是人性或神性的：愛會做出蠢事，愛突破其本身的規則。天主是至極的愛人（Lover），祂的所有聖人分享同樣的「瘋狂」！最好不要以理性的話語吐訴，而要以十字架的語言，最後晚餐的語言，因為耶穌邀請祂的門徒分擔祂的使命，住在祂的愛內，進入與父和聖神的親密結合。這是圓滿的屬神生命，是成全愛德的經驗，及基督徒之愛的繁花盛開，靈魂已經「穿上了基督」（《迦拉達書》三章27節），被神化為祂的肖像與模樣，經過祂，進入所有奧祕的奧祕，天主的親密生活。

正是這愛，把愛（Love，亦即天主）從天上帶下來；這愛，引進天主的國，並顯露於最後晚餐廳[19]的親密關係中。正是這愛，在山園俯伏在地，經歷十字架上的被棄，但在復活節清晨，以光榮和大能復活起來。大德蘭說的這愛，是從白冷到加耳瓦略，從猶太曠野到復活的墓園，在基督心中燃燒的愛德。此乃活動的，充滿動力的愛，為世界的得救而傾瀉的

19. 編按，晚餐樓（the Upper Room），《路加福音》記載，耶穌在此與門徒進最後晚餐，建立了聖體聖事。

愛。現在，在她燃燒世界的靜止點，她成為另一個基督——為天主的光榮及天國的廣揚，銷毀於同樣的熱情和使命中。

然而，大德蘭不能擱下這個主題，而不尋找比喻，即使只能是對真理的一個笨拙省思。她說，兩個燭光合併在一起，成為一道光，一個火焰。可是，這是不充足的，因為它們能再分開，因此不能表達所發生的結合深度。她再回到她的最愛，水的比喻：雨水落入江河或小溪——全都是水，從天落下的雨水和河水，不能被分開或分離。她也想起了光的比喻：有一道明亮的光，經由兩個窗子進入一個房間——雖然進入時是分開的，這光會合為一，成為同一道光。最後，她重返先前引自《雅歌》的酒室比喻：在這裡，靈魂暢飲從心愛主心中豐沛湧出的美酒，豐富她的所有活動，使她成為愛的僕人。

畢竟，所有這些只是象徵，結結巴巴的比喻。大德蘭自己承認：「這些比喻令我發笑，因為我並不滿意，但是我也不知道別的；妳們愛怎麼想都好；我所說的是真的[20]。」這一切只模糊地道出此不可置信的真理：天主和靈魂是合一的——此結合不可言喻，永不分離，超越象徵，超越比喻，超越語言。

20. 《靈心城堡》7・2・11。

愛不在於互相對看，
卻在於一起向外看同一個方向。

～安托萬・聖艾修伯里

安托萬・聖艾修伯里（Antoine de Saint Exupéry，1900–1944）：法國的飛行員和作家，《小王子》的作者。

不用驚訝，大德蘭以曼德和妹妹瑪麗的故事，結束《靈心城堡》的最後一頁。這是她的方式，強調她最愛的主題：祈禱與生活間的關係，默觀與活動間的平衡。純真靈修旅途的惟一考驗，就是基督徒生活中結出的果實：行動湧自默觀，默觀養育生活。祈禱和默觀，雖然是重要的，除非影響我們的生活方式，必不會有助於增進聖德。成長是生活中的唯一記號：在愛上成長，在服務上成長，在憐憫——基督的憐憫——上成長。

瑪麗和曼德互相需要；她們共同表達圓滿的基督徒生活：愛的服事湧自曼德的手和瑪麗的心。瑪麗不能被視為默觀的全面定義，曼德也並非完全表達出職務和服務的需求。她們必須結合一起，為能表示殷勤待客和服務其他的人。決定性的考驗是，我們與基督的關係，及我們樂意獻出生命服務他人，兩者的品質如何。這是祈禱的理由，是每一個靈修努力的目的。沒有行為，愛不能顯出其真正的深度。

第三部　回家

歸向靈魂隱祕住所的旅途中，大德蘭指出，我們「要怎樣」能夠不只靈性、也在人性上受到轉化。轉化成為基督，並非意謂著減少人性：超越自我（self-transcendence），意指實現自我（self-fulfillment）於存有的每一個層面。此乃歸向整全（wholeness）的旅途：一種「回家」，回到自我的家。人性不會被天主吞沒：更好說，是更加豐富，成為完全的人，全然活躍。

最真實和完全的人，是已經極靠近萬有根源的人，光明、真理和美在此居留，並放射遍及城堡各處。愈靠近我們的中心，也愈靠近萬物的至極中心，並在世界的心中，找到自己的位置。然而，愛的工作永遠沒有完成。我們絕不可建造空中城堡。「上主不是那麼看工作的偉大，祂看的是工作時懷有的愛[1]。」

大德蘭回顧所追溯的重要旅程，自覺滿意和喜樂。辛勞是美好的付出，她感到，讓她的讀者在靈魂的城堡內，尋獲愉悅，是件賞心樂事。對於從中發現的奧妙和豐盈，她甚至感到吃驚和驚奇！雖然她說的只是七重住所，每重住所還附帶許多其他的，有可愛的花園、水泉和迷宮、使靈魂愉悅的美麗與輝煌事物，使她充滿讚美。一個伊甸樂園。

1. 《靈心城堡》7・4・15。

有一天，也許內裡的光，
會從我們內照射出來，
那時，
我們就不需要別的光了。

～歌德

歌德（Johann Wolfgang von Goethe, 1749–1832）：德國詩人、小說家、劇作家、威瑪公國的宰相。其著作包括《浮士德》、《少年維特的煩惱》……。

因此，我們繞了一圈，返回原來的起點。旅途淡化為背景。現在重要的是，我們「要怎樣」行走旅途，這會喚起切望和渴慕。我們已經知道，心嚮往的地方在我們裡面，也發現抵達的朝聖之途。這道路是祈禱——祈禱能聚集生命的碎片，讓自己被吸引，進入天主的燦爛美麗，接觸神性能量的轉化湧流。我們發現真正的自己，是無條件的被愛者。

這行動是遠離專注於自我，以可預知的模式，歸向更完地整分享聖三的生命：聖父注視聖子，聖子注視聖父，注視本身即是聖神。天主不是一個名詞，祂是動詞：祂是生命、能量和行動。同樣，祈禱亦然。祈禱絕不是一個觀念或理念：祈禱常是生活、友誼和愛。祈禱是整個人回應聖召的行動；我們從窄門進入，放開會阻礙我們上路的一切。此乃拒絕成為迴避者，不因害怕、幻想或無益的夢想而受阻。這是靈魂的真正呼吸——一個恩寵、自由和回家的地方。

當我們和大德蘭一起回顧，她曾經走過的綿延廣闊的旅途，我們不能不因她的狂熱、她的明晰視野，而受到鼓舞。她分享的不只是旅途，而是一個美夢：天主對我們的美夢。那是召喚，是邀請：事情會不一樣。惟一的局限是我們的害怕。天主的美夢，大於任何我們能為自己想像的。我們是城堡；是真的，就在我們內。我們蒙召去成長，去探究隱藏在我們心內的神奇奧妙。心愛主等著做我們的嚮導和伴侶。所有必須做的是，「渴望」去渴望祂，踏出第一步，越過搖搖晃晃的吊橋。隨路前行，通過黑暗，進入光明。

你知道，你絕不會達到旅途的終點。
然而，這根本不會令人氣餒，
只會增加攀登者的喜樂和光榮。
在旅途上，我們不能知道會發生什麼事，
只能使旅途值得行走，
並祈禱我們會比開始上路時更有智慧。

～邱吉爾

邱吉爾（Winston Churchill, 1874–1965）：英國的政治家、作家，兩度任首相，曾獲一九五三年諾貝爾文學獎。

特別收錄

聖女大德蘭的故事

西班牙亞味拉聖若瑟隱修院◎著
台灣芎林加爾默羅隱修院◎譯

那是黎明破曉時。在那春天的清晨醒來，一定會覺得寒冷，因為我的家鄉亞味拉，氣候總不會很暖和。我的父親亞龍索．桑徹斯．賽佩達（Don Alonso Sánchez y Cepeda）——人們稱呼他為托利多人——喜歡記載兒女們的出生。關於我的記述是這樣的：「在一五一五年三月二十八日，星期三，天快亮的時候，我的女兒德蘭誕生……。」

我的母親名叫碧雅翠絲．奧瑪達（Beatriz de Ahumada）。我們總共有十二個孩子。三個姊妹是：大姊瑪利亞，小妹華納（Juana），還有我，人們說，我是父親的最愛。在那時，家裡的壯丁，勇敢又英武的紳士

大德蘭修道院，此地原是大德蘭出生地。（亞味拉）

們，都奔赴征服美洲的艱難冒險。其中有幾位在該地居顯要地位：葉南多（Hernando）是拓荒者，在祕魯一個名叫巴斯多（Pasto）的城鎮，擔任行政首長；羅瑞格（Rodrigo）是我幼年的同伴，也是最了解我的一位，死於對抗阿卡尼亞人的戰爭；勞倫（Lorenzo），當我建立隱修院時，良善的勞倫總是這麼支持我，他在基多①發了大財；奧斯定（Agustín），最小的弟弟，他加入伯鐸．加斯巴（Pedro de la Gasca）的探險隊，成為智利的征服者之一……不過，如我寫作時常說的，「我又離題很遠了」，幾乎失去敘述的思路。讓我們重返童年的話題。

我的童年和青少年

我的父親亞龍索先生，在亞味拉擁有一座老製幣廠，所以這地方被稱為金錢之家（Casa de la Moneda）。我的母親，在叫做哥塔倫杜拉省的一個村莊，擁有相當的產業：一棟豪宅，有個鴿房，也有些土地。我們屬於聖若望本堂，我在那裡接受洗禮。我們也常常去道明會神父的聖多瑪斯聖堂。不用說，我的童年是快樂的，環繞著愛和好的榜樣。我總是非常喜愛大自然：「觀看田野、流水和花朵也有助於我。這些事物會使我想起創造主。」（自傳9．5）從很小，我就愛下西洋棋、騎馬和閱讀。家裡有個

1. 現今南美洲厄瓜多的首都。

四柱台（亞味拉）

很好的圖書室：我父親比較愛看西塞羅、維吉爾和塞尼加的書。不過，我的母親碧雅翠絲，更愛看的是騎士小說，如高盧的阿瑪迪斯或希臘的李斯阿德②。那時我還太小，碰不到成人讀的這些大書卷，適合我的是，好哥哥羅瑞格與我分享的聖人故事。還記得，我們多麼深切地細想永遠的天堂和地獄。我們常常彼此說：「永遠！永遠！永遠！」（自傳1・4－5）有一天，我們離家逃走，要追求成為殉道者，（啊！往日的時光哪！）卻在靠近四柱台（los Cuatro Postes）的地方，被我的好叔叔方濟各・奧華雷思・奧瑪達先生（Don Francisco Àlvarez Ahumada）逮回去。

我家的後面有個園子，在那裡，

2. 高盧的阿瑪迪斯（Amadís de Gaula）或希臘的李斯阿德（Lisuarte de Grecia）：當時盛行的騎士小說。

我和其他的女孩子遊玩，我們用小石頭建造獨居隱室和小隱修院，但只要風一吹，房子就垮下來……總之，有時候，回想起來虔誠之情油然而生，懷念往昔，免不了有些難過，看見上主（或說，至尊陛下，我更愛這麼稱呼祂）逐步地帶領我走上真理之路。（自傳1．5）

雖然如此，不要以為好景常在。我少女時，母親逝世。她的消逝導致家裡好深的空缺。家裡那些大大的房間，裝飾著法蘭德斯的壁毯，還有長矛，及金色的小盾牌和腰帶，彷彿了無生氣地懸掛著。井上的水車發出的聲音，宛如悲傷的哀鳴。老房子

的走廊，再聽不到弟妹們愉悅的蹦蹦跳跳……我到一個小聖堂痛哭我的無依無靠，堂內自古供奉一尊童貞聖母的態像，很小也很美：是仁愛童貞聖母像。我祈求她做我的母親。（自傳1．7）聖童貞（即耶穌的母親瑪利亞）沒有忘記我的懇求，倒是我多年忘了那甜蜜的約定。

十四歲時——如人們說的，我也喜歡聽說這事——，我是莊重的，長得漂亮，十分聰明。因我的年齡而來的迷人特性，加上周邊的親戚誇讚我的特質，足以使我開始日漸虛榮。我喜愛華服、香水；非常盡情地照料我的容顏相貌。穿上天鵝絨的緊身上衣，頭戴飄舞帶子，鑲有金銀花邊的帽子，腳穿裝飾銀絲繡花的木底鞋。我開始閱讀騎士小說，這些書，我的媽媽非常喜愛，我的爸爸卻不然。母親逝世後，大姊結了婚，我實際地接掌家務。我被賦予很大的自由和信任，學會管理家務，管帳及指揮女僕。此外，再加上我堂兄妹和好友們對我的愛和讚賞，使我陷入相當難處理的局面。一方面，我自信是個成人，也被認為如此。另一方面，一位堂哥對我的追求，使我那年輕又好動的心，開始有些變壞。我的父親注意到這事，不斷以嚴厲和敏銳的目光注視我。直到有一天，他給我一個意外的判決：我應該就學，加入聖奧斯定會修女在恩寵聖母修道院辦的學校。不用說，開始時我的感受是痛苦的愁悶。為什麼要離開我的家，放棄我的自由、舒適？尤其是，為什麼要放開深藏心內已萌芽那份愛呢？然而，我的父親可不是說著玩的，他拿定主意，毫不通融。

雖然如此，我生命的第二階段，真的就此開始，投入了意想不到的生命領域。現在我看出來，引導我的，不是我的父親，不是恩寵聖母修院的修女，也不是這個或那個……而是天主帶領我，是至尊陛下向我伸出祂的手，把我安置在真理中，就是我所說的，「在我幼年時，銘刻於我內的真理」（參閱自傳1．4）……在恩寵聖母修院中，我和一位修女維持深厚的交往，她名叫瑪利亞．碧莉瑟諾（María Briceño），是年輕、聰慧又非常親切的修女。她教我們學生祈禱（那是真的祈禱，深思每一句話語，收斂思想，教育內心）。漸漸地，我好愛用這種方式和天主交談：「這是我當時使用的祈禱方法：由於我不能做理智的推理思考，我努力在我內想像基督，想像祂置身於我覺得祂比較孤獨的地方，按我的看法，這樣做帶給我更大的益處。我認為，像個急難中的人，孤單又痛苦，祂必要接納我。我有很多像這些二樣單純的想法。祂在山園祈禱的情景，尤其是我的安慰；在那裡，我努力作祂的陪伴者。如果我可以……，我渴望幫祂擦去這麼痛苦的汗水。不過回想起來，我從不敢這樣做，因為我的罪，在我看來是很嚴重的。只要我的思想容許，我一直陪伴著祂，因為會有很多折磨我的分心走意。」（自傳9．4）如所看見的，天主沒有特別優待我，也沒有免去所有人都會遭受的摔跤。我修行所有的一切：祈禱，收斂感官，使之能專注於默想……。我常覺得，自己的思想像個瘋子，飄來蕩去，無法留守一處。當然，我是根本沒想要當修女。那時，既沒有意願，也不吸引我，而且想也沒想過要加入修道院。不過，還是回頭講我的故事吧！

在恩寵聖母瑪利亞修院，我非常愉悅，然而我的健康卻不好。我的父親極其疼愛我，做盡一切來幫助我康復。我們前往大姊瑪利亞的家，她住在加紐達的卡斯提亞諾斯（Castellanos de la Cañada），靠近奧提格薩（Hortigosa）時，我們步行去探望我的叔叔伯鐸．賽佩達先生（Don Pedro Cepeda），他是我父親的弟弟。我從未猜想到，當我越過那楔形拱石的門（門的上方突出盾牌，是以阿吉拉斯的石材製造的），我的生命完全轉變。我的叔叔是個聖人，事實上，他後來入會修道。我萬分感激他，因為是他幫助我發現聖召的種子。他給我一些靈修讀物，請我大聲唸給他聽。他對我說：「我的女兒，唸給我聽這些西班牙文的書，妳唸得非常好，我喜歡聽妳唸。」他之這麼做，為的是喚醒在我內天主的聲音。其中有一部書，即《聖業樂書信集》③，使我的靈魂充滿熱火。這位老達爾馬提亞人（Dalmatian）的言詞熾烈如火，促使我斷然捨棄一切。

3. 西班牙文《聖業樂書信集》（*Epístolas de San Jerónimo*）的譯者是若望．莫里納（Juan de Molina），初版發行於瓦倫西亞（Valencia），1520 年。

聖業樂（亞味拉聖若瑟隱修院）

我清楚明白，若我入會當修女，對我父親而言，無異於置我於死地。「不要在我活著時」④，最多只能聽到他這麼說。我設法請求一些人向他說情，說服他……卻徒勞無益。所以，我選擇逃跑。一五三五年追思已亡日⑤，一大清早，我和弟弟安東尼（Antonio）一起離家出走，我去敲降生隱修院的門，那是很大又深具名望的隱修院，屬於古老的加爾默羅隱修會，在亞味拉人人皆知。為什麼我選擇降生隱修院呢？因為，在那裡有我的一位好友，華納．蘇亞雷斯（Juana Suárez），還有一些親戚及家人的好友。這是個喜樂和人數眾多的團體，將近有兩百名修女；與亞味拉的社會名流維持著良好的關係，且在修會內享有優良的聲譽。我覺得恩寵聖母的奧斯定修女會很優秀，不過，在那時，對我來說，為了實現我的獻身事主，降生隱修院才是理想的地方。我不知道，在隱修院內，將有延續二十六年之久的艱難戰鬥等著我，院內也有很多驚奇的事。

亞味拉的降生隱修院

我的早期修會生活幸福愉快，熱心滾滾，但卻標示著伴我一生的十字架：生病。對了，我得說慢一些。雖然我的父親起初很反對，但終於接受我的聖召。在我穿會衣和發聖願的大日子，他非常優惠團體：送給我們新

4. 參閱《自傳》3．7。
5. 即11月2日。

▍亞味拉降生隱修院

的頭巾、蠟燭和大約二十五條麵包。當年，在經堂的格窗前，他看我披著頭紗，戴上花冠，他那甜蜜激動的神情，至今仍歷歷在目。現在我真的是修女，而且是個快樂的隱修女，深深著迷於此。誰能預料這事呢？這位青春、好動、活潑、略帶叛逆的大德蘭，現在看似另一個人，雙目低垂，露出謙虛的微笑，尤其是，身穿一襲非赤足的加爾默羅會衣，雖然簡樸卻十分優雅。

然而，我的父親太清楚我了，覺察出來我的情況根本就不好。他看我日漸蒼白；每次來探望我，見我每況愈下。我想可能是生活方式改變，食物這麼不同……。他詢問其他的修女，有的說沒有關係；有的則說，看見我有時在哭泣，她們以為，或許是因為我不快樂。最後，我的父親勉強她們許可我離開修院，讓他來照顧我。那時，我在隱修院中只有三年，尚未滿二十五歲。

如同另一次的情況，他們帶我到在卡斯提亞諾斯，大姊瑪利亞·賽佩達的家，再次路過奧提格薩小村，在那裡，我的叔叔伯鐸先生給我另一本書，這書給我極大的幫助：就是方濟·奧思納（Francisco de Osuna）的*Tercer Abecedario Espiritual*（英譯本名為*Third Spiritual Alphabet*）。每念及此事，滿懷不可言喻的感恩，感謝這位好親戚為我做的好事。這本書帶我進入真正的祈禱之路。我開始喜愛獨處、收心斂神……。回想起那時候，「好似我已把世俗踐踏在腳底。所以我很憐憫那些追逐世俗的人，至於在可允許的事物方面亦然。」（自傳4·7）

實際上，從我初學開始的時候，上主就愈來愈有力地吸引我，我甚至為祂做些小傻事……。我生病的期間，曾有個永遠難忘的強烈經驗：天主讓我做祂的工具，使一位司鐸悔改。事情是這樣發生的：時值春天，我們來到貝賽達斯（Becedas），那裡有位江湖女醫生，她給我種種治療，卻未見預期的成效。我努力不要疏於照顧自己的靈魂，常常去最靠近的聖堂望彌撒和辦告解。這位聽告解的司鐸，由於見到我年輕又熱心，深覺不得不對我坦誠直言，告訴我他碎裂的生活：他和一個女人同居，這女人交給他一個

Tercer Abecedario Espiritual（書影）

銅製的偶像。起初，我有些害怕和擾亂，但卻沒有失去理智。這件傷腦筋的事以最好的方式進展。我尋找資訊，盡我所知道的幫助他，這位可憐的神父同意給我那個小偶像。在這個偶像中，不知被下了什麼巫術，使神父好像中了魔。真是動人心弦。他開始從著魔中被釋放，並痛哭他的可恥行為。他覺得好似成了另一個人。這個經驗令我畢生難忘，因為使我明白，一個獻身者的代禱會達到何等地步，不只能幫助罪人，甚至是上主的神職，他們也需要得到幫助，其需要遠超過人能想到的。

我耽擱了不少，留待述說的還有許多。我回到降生隱修院，雖活著，卻是快沒命了。我病勢沉重，貝賽達斯的治療，如此沒有果效，我昏迷了三天。我的父親一想到，他最愛的女兒，正值青春年華就要去世，他完全無法接受。「這女兒不是要被埋葬的[6]。」他啜泣著，走在家裡大走廊的另一邊。他沒有錯！我醒了過來，口齒不清地說出一些奧祕的話。有些人聽到我所說的：「我必會創建多座隱修院，死時是個聖女，死後的遺體覆蓋著富貴的衣料。」我只知道自己這麼支離破碎和無能為力，有好長的時間，若沒有人幫助，我動也不能動。我痲痺一年，癱瘓三年。我感到好低沉，也好痛苦，除了祈禱，沒有更好的醫治。我盡全力祈禱，這也是我的安慰。我祈求榮福大聖若瑟幫助我，他向來是我非常敬愛的。我懇求他使

6. 意即「她不會死」。

我康復。他真的應允所求，雖然所有的病痛和限度終生伴我不離。

到此地步，我必須承認，我從此開始度一種很矛盾的生活。這怎麼可能呢？經過這麼多的痛苦，這麼多的祈禱，甚至非常接近死亡，我竟會踏上散漫和鬆弛的道路，漸漸地再陷於失足。我相信這裡所發生的，多少相似我少女時期，那時因為母親逝世，帶領我接受至聖童貞的保護，然而，誘惑更強有力地滲透人性的情感。經過長期的生病之後，我沒有以整個靈魂回應天主，卻做些常常令我懊悔的事：展示所得到的恩寵。在談話室中，人們不斷地討好我；我被治癒的奇蹟讓我出了名，尤其是環繞周邊，眾人對我的敬重，我往往不知如何從中抽身引退。「唐娜．大德蘭⑦說得多麼好，她的勸告更為明智，我們和她一起多麼愉悅……」這些話流傳開來，這麼多人來看我，使我幾乎沒有時間祈禱。此外，眾多的朋友和崇拜者來找我，我的想像片刻都不得安寧，竟至無法在天主內收心，如從前一般。我明白，自己的內在生活漸漸放鬆，我沒有忠順於基督，對靈性的事物失去興致和能力……最悲哀的是，至少有一年，我放棄祈禱。起初，我的掙扎這麼的猛烈，後來竟這麼不熱心，我不知是如何從戰鬥中倖存的。

就在這個時刻，我必須清楚說明一件事。我的歸化不是所謂的突然一擊，也不是像聖保祿，從馬上掉下來。引領我達到聖德高峰和神祕生活的

7. 唐娜．大德蘭（Doña Teresa）：「唐娜」是西班牙文中對婦女的尊稱，中文沒有相稱的名稱，所以採用音譯。

這個歸化，是一條漫長、辛勞和艱苦的道路。我的歸化起點，有一件很少被提及的事，就是我父親的逝世。一五四三年的聖誕節，我在父親的病床旁，有位道明會士也在那裡，他是家人的老朋友，就是文生．巴隆會士神父（Fray Vincent Barrón）。趁著他在我家，我向他辦告解。從我小時候他就認識我了，熟知一切。他告訴我，無論如何絕不可放棄祈禱。要我經常辦告解和領聖體，如果可能，每十五天一次。這個勸告非常奏效。此外，至尊陛下步步援助。有一次，和我的朋友在談話室時，我看見一隻齷齪怪異的癩蛤蟆，從角落向我奔來，留給我難以忘懷的印象。（自傳7．8）另有一次，主基督親自顯現給我，祂傷痕累累，就像受難時的畫像，祂責備我的輕浮和健忘。然而，最觸動我的一次是，當我走進小經堂時，望見Ecce Homo（即：看這個人）的聖像，這態像被放在那裡，事先並沒有告知我。我極受感動，看見祂為我受這麼多苦，我淚流不止，不能不懇求祂堅強我，使我不再冒犯祂。

從此，這些事情的發生愈來愈多。在天主的事上，我也愈感喜愛和愉悅，我貪求更多的時間和獨居，為能專心於靈魂之事……。在我行走的路上，天主安排了一小夥特別的人，他們既熱心又有良好的培育，幫助我在新的情況中得到最大益處。唯一的問題是，天主帶領我走的不是常人行走的路，而我對這一切並不完全了解。請容我解說。有位神職（加斯巴・達撒 Gaspar de Daza）及一位世俗人，他是我的遠親（方濟・撒爾謝多 Francisco de Salcedo），他們開始給我靈修上的勸告。事實上，打從一開始，他們對待這位還不知何去何從的可憐修女，相當的強硬和嚴厲。起初，他們對我說，我的感受和心靈經驗是魔鬼的工作。天哪！他們說的話使我驚慌失措，彷彿被一塊石頭打在額頭上。不過，很快的，有些人出現在我的面前，好似天意一般，聖吉爾學院的耶穌會神父們，不久前來到亞味拉。沈迪納（Cetina）、布蘭達諾斯（Prádanos），甚至老甘迪亞公爵，

使聖女大德蘭悔改的聖像 Ecce Homo
（亞味拉聖若瑟）

聖女大德蘭的神箭穿心

方濟・博日亞（Francisco Borgia）……他們一致對我說，不要害怕，繼續向前進步，這些全是天主的工作。他們也開始要求我更多：加強做補贖、相反自己的意志，要非常謙虛，並且服從所有指示我做的事。雖然如此，內在的恩惠增多起來，天主用盡心思，帶領我看見天堂和地獄，給我看教會和喪亡靈魂的罪惡，為了請求我，毫不懷疑地，更多地交付自己……。有時「我看見靠近我的左邊，有位具有人形的天使，……我看見在他的手中，有一支金質的鏢箭，矛頭好似有小小的火花。我覺得，這位天使好幾次把鏢箭插進我的心，插到我內心最深處……他使我整個地燃燒在天主的大愛中。」（自傳29・13）這是個超性的恩惠，神學家稱之為「神箭穿心」（transverberación）。

這段期間，我的告解神師是巴達沙・奧瓦雷思（Baltasar Alvarez），他是個徹頭徹尾的聖人，卻因為太年輕，無法指導這樣的神祕經驗。我害怕，他懷疑，許多人以為我是騙子和附魔，他們以宗教法庭和驅魔恐嚇我……。我處在地道中，這是我生命中最黑暗的時期，我不知道如何離開。不過，很明顯的是，天主希望從我得到一些什麼，我卻還不知道是怎麼一回事。

亞味拉聖若瑟隱修院

亞味拉聖若瑟隱修院

現在接著要說的，更是屬天而非屬地的故事。我要用當時寫下來的話講，因為無法以別的方式述說：「有一天，在領聖體之後，至尊陛下熱切地命令我，以我的全力，致力於建立這座新修院，祂做了很大的承諾，這座修院會建立起來，祂會在其中大受崇奉。祂說應取名為聖若瑟，因為這位聖人要看守一邊的門，聖母則守護另一邊，基督會留在我們當中，它將是一顆燦爛輝煌的閃亮明星。」（自傳32．11）建立一座新隱院，遵守更嚴格的會規，這個想法已在我內蘊釀一些時候。有天晚上，我在斗室內和朋友們聊天——她們是紀爾瑪．于佑雅夫人（Doña Guiomar de Ulloa），是一位虔誠的寡婦，幫助我很多；華納．蘇亞雷斯（Juana Suárez）和我的幾位堂姊妹……——我們半認真、半開玩笑地談及這事。地獄的神見也給我很大的影響，使我徹悟，為了救靈魂，必須更慷慨，更遠避一切。然而，要如何進行這個提議呢？所有的人都笑我。

我沒有錯。在亞味拉建院的事一經傳開，彷彿爆發一顆炸彈。有的人幫助，有的人則相反……。至於這事件的主要首領，怎能不說呢？他就是人人皆知的最嚴規方濟會士，伯鐸．亞爾剛大拉（Peter Alcántara）。

▍阿爾瓦羅·曼多撒主教的雕像（亞味拉聖若瑟隱修院）

聖若瑟隱修院的獨居隱所

他透徹地了解我，也安慰我，他去向主教大人說情，——就是阿爾瓦羅．曼多撒主教（Don Alvaro de Mandoza）——甚至還勸導我蓋修院建材方面的事。加爾默羅會的省會長什麼都不想知道。我的好友紀爾瑪，及我家的一些親人，在經濟上資助我。巴達沙．奧瓦雷思神父拿不定主意；今天說贊同，明天卻又反對。總之，要說的故事好長，不過生命是堅強的。到最後，隱密地確定了建院的日期：一五六二年八月二十四日，聖祿茂宗徒慶日。曙光乍現時，敲響有一個破洞的鐘，宣報建立修院。達撒（Daza）大師神父主持彌撒，並給第一批四位初學生領會衣。回想起來，恍如昨天，從那時開始，發生了許多的事……。

那麼，緊接著發生什麼事呢？臨於我的事情，彷佛遠超過我的力量所及，一連串接踵而至，我甚至無法予以解釋。省會長安赫．薩拉察神父（P. Angel de Salazar），及降生隱修院的修女們，惱怒至極，非常忙亂地處理這事。「要德蘭修女立刻回修院，報告她所做的事。」全城騷動，好似燃起了一把火。眾人全都反對我。眾人嗎？其實也不是，我還有一夥忠誠好友。新團體的駐院司鐸，胡利安．亞味拉（Julián de Avila），他盡所能地做一切，她的好朋友達撒神父亦然。先前反對的主教，現在已在我們這邊了。他有時會風趣地說：「我以生命起誓，我不了解姆姆；不過我相信她，因為凡她開始的，總會完成。」

我的初學生們：吳甦樂．諸聖（Úrsula de los Saintos）、安東尼雅．聖神（Antonia de Espíritu Santo）、瑪利亞．十字（Maria de la Cruz）及瑪利亞．聖若瑟（María de San José），留守在聖若瑟隱修院，穩如磐石，等待我回去。還有，在這時候，冒出來一位新朋友：道明．巴臬斯（Domingo Báñez），他是著名的宣道家，也是道明會的神學家，他以這樣確信的立場，對城內的議員陳述，幾乎凌駕了他們的看法，我們也逐漸地獲得平安。事情進展的結果是，幾個月後，我回到最初的小鴿房，如我所說的，在那裡度過我一生中最靜息的生活。

魯柏神父來訪

建院後不久，大約過了五年，總會長洗者若翰．魯柏神父（P. Juan Bautista Rubeo）來訪，他是義大利人，希望提升修會的靈修水平。他欣喜於我們所做的，在亞味拉聖若瑟隱修院開始的加爾默羅會生活方式，希望此後會有其他更多的團體，他要我們多建新院，如他對我說的，多如頭上

聖女大德蘭建院的足跡

西班牙
葡萄牙
(17) 布格斯 BURGOS
(14) 帕倫西亞 PALENCIA
(4) 瓦亞多利 VALLADOLID
(15) 索里亞 SORIA
布爾格
(2) 梅地納 MEDINA DEL CAMPO
阿雷巴羅
(7) 撒拉曼加 SALAMANCA
(9) 塞谷維亞 SEGOVIA
(8) 奧爾巴 ALBA DE TORMES
杜魯耶洛
(1) 亞味拉 Avila
亞爾加拉
馬德里
(6) 巴斯特日納 BASTRANA
(5) 托利多 TOLEDO
(13) 哈拉新鎮 VILLANUEVA DE LA JA
(3) 馬拉崗 MALAGON
(10) 貝雅斯 BEAS
哥多華
(12) 卡拉瓦卡 Caravaca
瓜達爾幾微河
(11) 塞維亞 SEVILLA
(16) 格拉納達 Granada

▎聖女大德蘭建立的十七座隱修院

的髮絲。事就這樣發生了。創立新院的那些年，漫長、密集又豐收。現在當我觀看西班牙地圖，滿布聖童貞的會院，我覺得好似黃金夢⋯⋯。

有些隱修院建立在大城市，如托利多、塞維亞、撒拉曼加或布格斯；有的建在比較小的地方，如馬拉岡、哈拉的新鎮、塞古拉的貝雅斯、巴斯特日納。

我的十字若望

老是這樣，我常離題好遠，從這裡扯到那裡，漏掉許多事。我想要提一個人，在我的生命中，也在整個革新的修會史中，是一位極重要的人物：十字若望。我們是怎麼認識的呢？在梅地納，就是在亞味拉之外，我首次冒險創立的隱修院，有人把他介紹給我。我們談了很久，也很深入。他好年輕，又非常有靈修，看得出來他的掛心，好似焦燥不安，尚未適得其所。我引他說出來，明白緩規的加爾默羅會生活無法令他滿足。他甚至考慮轉到加杜仙修會。我告訴他，如果是尋求成全和聖德，沒有比留在自己的修會，度更嚴格的生活還好的。我向他提出我的建議。感謝天主，他接受了。打從第一天會晤他，我就直覺出來，他是開始男修會的理想人選，也是我女兒們的理想靈修導師。一五六八年十一月二十八日，在亞

▍聖十字若望。

大德蘭與十字若望同時神魂超拔，離地浮懸。

味拉省一個名叫杜魯耶洛的小地方，我們建立了遵守原初會規的加爾默羅男修會。院長是安道．耶穌神父（P. Antonio de Jesús），他稍有年歲，也有點壞毛病，不過卻非常熱心與切望。還有一位執事，若瑟．基督（José de Cristo）。再加上我的十字若望。後來繼續有其他的男會院，不過，這會涉及更廣的歷史，發展成新的加爾默羅修會，少不了爭鬥和困難，及內在和外在的打擊……。

曾有一段時期，若望會士和我之間有著密切的靈修連繫。在很困難的時候，我被任命為降生隱修院的院長。這個團體經歷嚴重的危機，甚至在物資方面亦然。正需要一位頭腦清楚的人，看來是長上們想到了我。或許他們希望提拔我，然而事與願違，修女們完全不接納，反抗、怒吼……總之，必須大費周章地安撫眾多激動的修女，因為所任命的院長，並非出自她們的意願。不過，寬仁的聖童貞和我的父親聖若瑟，解決了那個傷腦筋的情況。還有我的十字若望神父，他來此擔任團體的代理長上和告解神師，支持我的工作，他是我管理那修院的最佳盟友。他明智又極忍耐地操勞，再加上我的努力，致使這個特殊使命得到輝煌的成功。更有甚者，一五七二年十一月十八日，若望會士見證了我的一個極大恩惠，那是在我漫長的一生中，天主准許賜給我的大恩：神婚。很久以前，我是這麼寫的：「在降生隱修院，我第二年擔任院長，聖瑪定的八日慶期中，當我去領聖體，送聖體的是十字若望會士……至尊陛下對我說：『不要怕，女兒，沒有人能使妳和我分離。……請看這釘子，這是個標記，表示從今天起妳是我的新娘……』」⑧

8. *Cuentas de Conciencia*・31。1572 年 11 月 18 日，亞味拉。英文書名 *Spiritual Testimony*。

▌釘子的恩惠。神婚。

建院冒險記

在非常熱心的那幾年，有這麼多的冒險，得到這麼多的恩惠，一路上，天主安排了這麼多的人，我無法述說全部。若要一一引述，我疲累不堪，你們也會感到厭煩，雖然我從不疲於述說天主的仁慈。然而，即使是極概括地講述，我不得不說在建院時期發生的一些重要事情。那些畫面、軼事、痛苦和喜樂，在我的心中永遠不會磨滅。那些年裡，一路上，天主安排各式各樣的人出現，有如一幅獨創的馬賽克那麼美麗。

在此，我必須強調一個人，他是這麼的忠誠又親切：就是胡利安．亞味拉神父。他是首位以屬靈的方式參加亞味拉聖若瑟隱修院的司鐸，不但如此，他是我創建各個隱修院的忠誠同伴，也是那些跋涉旅程最好的記述史家。在他的私人筆記中，他寫道：「從第一天開始，我獻身做她的跟班，也做她的隨行司鐸，將持續直到我死。」由於修會總會長賦予我的重責，我幾乎嚇壞了，那幾年我曾寫道：「我在這裡，一個貧窮的赤足隱修女，除了上主，沒有來自任何地方的幫助，只有恩准證書和善願，沒有半點可能來推展這個工作。」（建院記2．6）現在，當我觀看開始建院時的各方面，我看到這愛的瘋狂無遠弗屆，我只能對遍布全球各地的修女們說：「如果用心細察，妳們會看出來，這些修院，絕大多數，不是人所創建，而是天主強有力的手。」（建院記27．11）

梅地納

亞味拉之外，創立的首座隱修院是在梅地納。是第一次，我們離開亞味拉，很慶幸，我們有耶穌會的神父們，及少數一些仰慕者的支持。我們空想著，希望在進城時，我們有點盛況或隆重的場面，事情完全不是這樣。抵達的那天晚上，正好為了明天的鬥牛，把牛都放到街上奔跑。我們匆忙又害怕，躲躲閃閃地進入該城，彷彿是逃避受刑的人。

我們為了新的聖堂，帶著各式樣的聖爵和聖堂用物。胡利安神父打趣地說：「我們活像吉卜賽人，掠奪了某個聖堂！」為我們準備的房子真是破爛不堪。房子像是被拆毀了一半，沒什麼乾淨可言，一片凌亂。但是我們並不洩氣，徹夜辛勞，堅定不移，處在如此的貧窮中，懷有的是令人難以置信的喜樂。這一切的艱苦是值得的，為使上主在世上能有多一個新的聖所。由於聖堂幾乎敞開在街道上，在那裡最初的那些夜晚，我總是透過一個小窗看守聖體。過不了多久，出現了一個天主派來的人：布拉斯．梅地納（Blas de Medina），他供給我們一棟更好的房子，我們就去住在那裡。我的建院者新角色獲得肯定，這個初步的訓練非常有益於我。

在此我要插入一個特別的事件。我說，在馬德里宮廷前，這彷彿是我的「社會展示」（presentación en sociedad）。國王身邊的貴夫人們召叫我去，因為她們想親自認識我。其中有位夫人，既高貴又德行非凡，名叫萊奧納．瑪斯嘉蕾娜思（doña Leonor Mascareñas），她希望請求我的幫助，導正她在亞爾加拉．恩納雷斯（Alcalá de Henares）創立加爾默羅隱修院，她們追隨的生活方式，相似亞味拉聖若瑟隱修院，但卻缺乏良好的管理。為了這個緣故，我來到首都馬德里。我想，那些貴夫人對我懷有某些期待，諸如熱心的靈修談話、神魂超拔，甚或是離地數尺的出神。當然，我沒有讓她們得償心願。我單純地表明，欣喜地說：「啊！馬德里的街道多麼好看！」或許會使她們大失所望，然而，皇家方濟會女隱修院的院長華納．十字（Juana de la Cruz）卻不以為然，後來對她的女兒們說：「願天主受讚美，祂使我們看見一位可以完全仿效的聖人：她像我一樣的談話、睡覺和吃飯，談吐直爽，也不矯揉造作。」

馬拉崗和瓦亞多利

馬拉崗是下一個階段。我感到深奧的喜樂，能把靈魂獻給上主，開創聖童貞的小鴿房，使祂更被愛，建立新教會。當我在這個家裡，即我的好友露薏莎．瑟達夫人（Doña Luis de la Cerda）召喚我來的家，上主顯現給我一個很有安慰的事：「祂對我說，現在不是休息的時候，我要趕快建立這些會院，祂從居住中的靈魂得到很大的安息；無論給我多少會院，我都要接受，因為有許多人，由於沒有地方，而不能服事祂。」⑨

隨即，有個和我很親的家庭召喚我去瓦亞多利，就是曼多撒家族。我們已經知道我的好朋友阿爾瓦羅主教，現在容我介紹他的姊姊瑪利亞夫人，及弟弟伯納迪諾先生（Don Berradino de Mendoza）：一位是令人尊敬的夫人，另一位則是相當好玩的年輕人。後者逝世於大約在建院時，我得到一個特別的顯現，獲知他的靈魂得救了，我們可以這麼說，是好不容易得救的，感謝他捐獻一座新的加爾默羅隱修院。

我漸漸明白，這些隱修院不僅是我們——赤足隱修女——的祈禱綠洲而已。總而言之，這是在靜默與退隱中服事天主的地方。對社會和教會有極大的影響，遠超過我的想像所及。從中發展出一個真正的靈修家庭。我明白，這真是天主的工作，使這些靈魂的祈禱和隱沒的犧牲，不僅達及整個教會，也到達全世界。說修會「將是一顆燦爛輝煌的閃亮明星」，是多麼真實啊！

9. *Cuentas de Conciencia*，6a。1570 年 2 月，馬拉崗。英文書名 *Spiritual Testimony*。

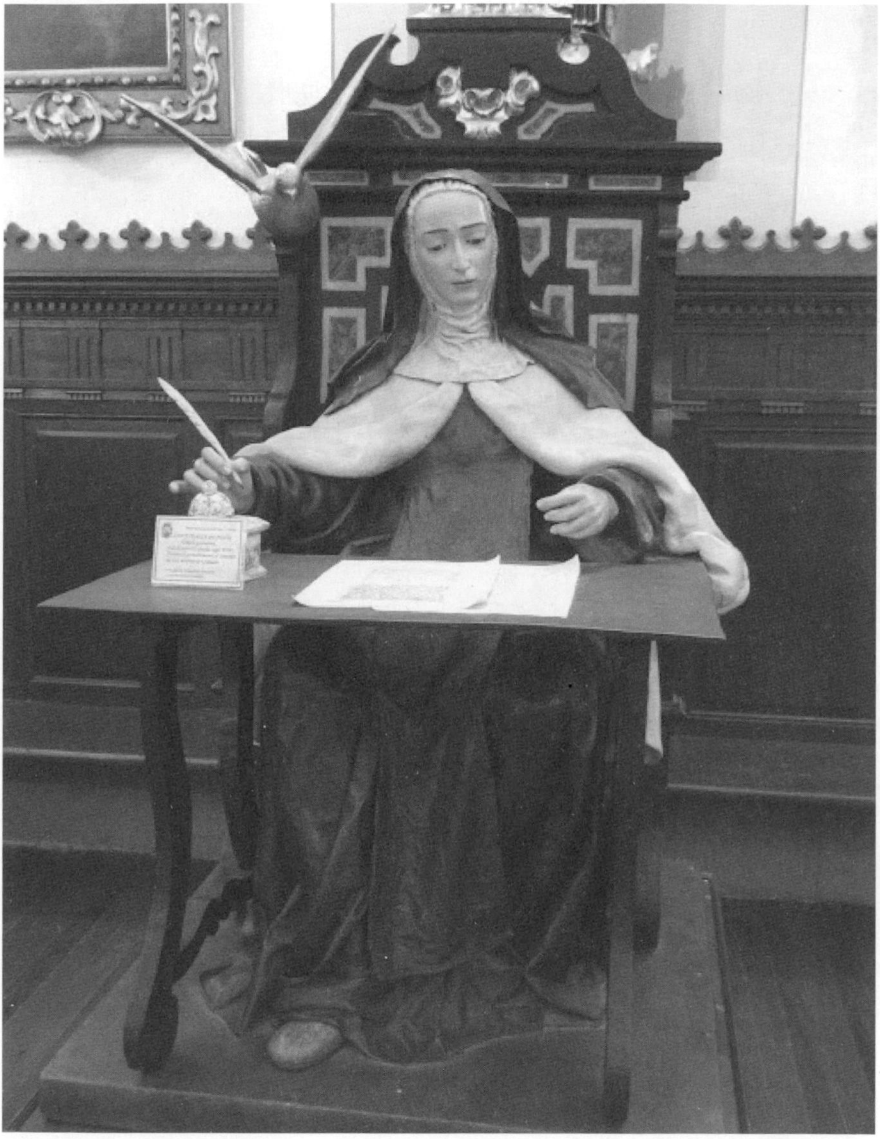

▍作家聖女大德蘭。

托利多和巴斯特日納

接下來是托利多和巴斯特日納。這兩個地方的聲譽截然不同。依撒伯爾・聖道明（Isabel de San Pablo）、依撒伯爾・聖道明（Isabel de Santo Domingo）和我一起抵達托利多，我們完全信賴天主的照顧，赤貧如洗的我們，什麼都沒有。甚至還經驗到相當多的輕視和拋棄，來自先前支持我們的朋友和恩人們。道明・巴臬斯神父—我的至極好友——熟識的一個道明會士，獲知我們在那裡，他近乎厭煩地評論說：「誰是這位耶穌・德蘭？我聽說是你的好朋友，絕不可信任婦女的德行！」巴臬斯神父不動聲色，只對他說，盡力設法來和我談話。這位好會士似乎改變了看法，他的觀感最後是這樣的：「啊！我一直受騙，人們說妳是個女子，的確，妳是個男人，且是滿臉鬍子[10]。」

當然，我需要有勇氣的男人，為克服這些建院的考驗。不過，接下來的建院情況更形惡劣。巴斯特日納成為愛伯琳公主（princesa de Eboli）的消遣。公主殿下想望的是在朋友面前炫耀，並且隨性地操縱我。她使盡花招來磨難我；最慘的是她搶走我的《自傳》，以致被宗教法庭扣留十二年之久。這兩座隱修院的結局大不相同。托利多隱修院建立於完全的貧窮，而且沒有任何人和經濟上的支持，卻欣欣向榮，堅穩屹立。甚至，有

10. 譯按，幽默地表示他對聖女大德蘭的敬佩。

一天，當我遇見同伴們，她們顯得萬分沮喪和憂傷，因為她們覺得：「我們不再貧窮了！」因為她們後來得到很多的捐獻和幫助。巴斯特日納則不然，出自一位貴婦的無常慾望，她既任性又自滿，所以很短的時間就化為烏有。一個夜晚，在忠誠的胡利安．亞味拉的領導下，修女們離棄那個地方，她們懷有的勇氣，不遜於任何最優的冒險小說。

可敬者安納．耶穌

聖女大德蘭畫像。

在此我們要做個簡短的反思。一生的建院歷程中，我逐漸確信，對這個已呈現極多面向的工作，必須賦予一個形式。這些年來，我非常專注於所有加爾默羅隱修院之間的合一與和諧。為此，我竭盡心力於寫信，有大問題冒出來時，我急速奔赴該隱院，尋找最好的人選，能管理那些還弱小又缺乏經驗的團體。男、女會士們對於加爾默羅的崇高理想，要有良好的陶成，我認為是非常要緊的。

雖然這些年來充滿動蕩，但卻有很大的補償，我認識了一些特殊的人：瑪利亞·薩拉察（María de Salazar），是來自馬拉崗的一位年輕女子，極有文化，非常討人喜歡，後來成了塞維亞的院長，是我所信任的修女之一。我們時常通信，她保存我的大部分信函。撒拉曼加的安納·耶穌（Ana de Jesús），是個獨特的人，或許是最聰明的會士，也是能找到的最明智的修女。後來，當我的工作，即會規和我所創立的加爾默羅會生活方式，多次遭受來自修會內、外的侵略時，她是最大的保護者。

擁有我親弟弟勞倫・賽佩達（Lorenzo de Cepeda）這樣忠誠的施主，是很有幫助的；我能講述堅定的支持者，從尊貴的西班牙國王本人，說到沒有專職和資產的年輕人，如亞龍索・安德拉達（Alonso de Andrada）……這整個是很大的修會家庭，鞏固在返回加爾默羅的古老樹幹，並在赤足修會得以革新和繁榮。彷彿是一股超性的神祕氣流，震動了西班牙全境。

撒拉曼加、奧爾巴、塞谷維亞

在撒拉曼加——優秀的研究學問之城——建院後，因德蘭・雷氏夫人（doña Teresa de Layz）及其丈夫的召請，我來到奧爾巴・多爾美斯（Alba de Tomes）。然後，我們到塞谷維亞，那裡接納了從巴斯特日納逃出的修女們。卡斯提已布滿了小鴿房⑪。接下來是到安大路西亞建院⑫，這事引發許多的爭端。總會長洗者若翰・魯柏神父不願我們在那裡建院。然而，錯綜的環境迫使我這麼做。

安大路西亞的建院：貝雅斯和塞維亞

貝雅斯位於哈恩省，塞拉諾山區（Sierra Morena）的山腳，是我建

11. 譯按：聖女大德蘭常稱自己的隱修院為聖童貞的小鴿房。
12. 譯按：卡斯提是西班牙的北方，北方已有多座革新的加爾默羅隱修院，現在開始要拓展到西班牙的南方，安大路西亞省。

院生涯的一個美好階段。召喚我去那裡的，是一對典範的姊妹：加大利納．柯蒂內斯（doña Catalina Godínez）和瑪利亞．桑托巴（doña María de Sandoval）。人家告訴我，貝雅斯並非真的屬於安大路西亞，而是在其邊緣，歸屬騎士修會（Orden Militar de Santiago）。至尊陛下希望在那裡為我預備一個愉悅的驚喜。在這個甜蜜的安大路西亞小鎮，我認識了天主派來管理革新修會的人，熱羅尼莫．古嵐清．天主之母會士（Fray Jerónimo Gracián de la Madre de Dios）。我必須承認，他的才華令我目眩，如我對我的一位女兒說的：「在我的眼中，他是完善的，超過我們所知道要向天主祈求的，為我們更好……既成全又這麼的溫順，我從未見過……什麼也不會使我不注視他，不和他密切交往。」⑬我決定完全恭順地服從他。貝雅斯留給我的靈魂最愉悅的回憶。那裡的人良善，氣候怡人，風景優美，一切都顯得和諧，使我的心神高舉。

然而，塞維亞卻是問題重重。或許是我一生中，付出代價最大的服從的行動。因為，我在那裡建院，確實是出於我摯愛的古嵐清神父的命令，那時他已開始行使長上的職權。在塞維亞，我們經歷了這一切：氣候惡劣，對我的健康非常不好；我們碰上了宗教法庭；克里斯多巴．羅哈斯（Don Cristóbal de Rojas y Sandoval）總主教不願許可建院；還遭受一連

13. 信 79（致書依內思．耶穌姆姆，1575 年 5 月 12 日）。

串團體內的問題，某些修女經證實不適宜我們的生活方式。駐院司鐸加西阿巴斯雷（Garciálvarrez），雖然頭腦簡單，卻存心不良，一次再次地背叛我們。遵守老會規的神父們，開始發起可怕的迫害，這些神父俗稱為「穿好布料的會士」，

古嵐清神父。

因為他們身穿比較優質的會衣，發願遵守的是緩和的會規。有些赤足男會士被綁架，關進監牢，我的修女們和我，備受成千的侮辱……

誰都不要見怪，如果在我的寫作中，有時會這麼說：「啊！我在那裡度過的是怎樣的一年」；「我不了解安大路西亞人」；「我常聽說，在那裡，惡魔有更大的魔力誘惑人」……你們不要害怕。在塞維亞，有一些家庭是我畢生最愛的，在那裡，我和弟弟勞倫度過多麼美好的時光，他從美洲返回，和我的侄女小德蘭（Tereaita）一起回來，她以九歲的稚齡入會修道，還有，特別是瑪利亞．聖若瑟院長，她是一位優秀的會士。不過，在那裡是受苦的，這些美好的回憶，彷彿烏雲密布一般，致使有時難以聚焦。安大路西亞人會體諒我。

最後的建院：哈拉的新鎮、帕倫西亞和索里亞

在我生命的末刻，建立了三座新院，可以說是容易的建院，因為當他們來找我時，修院幾乎都已經有著落：哈拉的新鎮、帕倫西亞和索里亞。當我來到了這些城鎮時，受到居民很好的接待，及熱烈的歡迎。好似獲得獎賞，又像是受苦良多的補償。我還記得，最美的一幕是在哈拉（La Jara），我好像回到加爾默羅會的早期時代：「這會院位於荒無人跡又偏遠的地方，十分令人怡悅；當我們靠近時，眾會士出來，列隊迎接他們的院長。由於他們是赤足的，身穿貧窮又粗糙的毛斗篷，引發我們極度的熱心，也使我深受感動，我覺得，彷彿置身於修會聖父們興盛的那個時期。在那荒野之地，他們宛如一叢白花，芬芳四溢。我確實相信，在天主前，他們正是這樣。」（建院記28．20）

不是我親自去創立的兩座新院：卡拉瓦卡和革拉納達

有兩座新院的創立，我沒有親自前往，而讓其他的修女分勞：就是卡拉瓦卡和革拉納達兩座隱修院。前一個會院，我派遣胡利安．亞味拉神父和安納．聖雅爾伯（Ana de San Alberto）。後一個會院，我派兩位亞味拉聖若瑟隱修院的修女，安東尼亞．聖神（Antonia del Espíritu Santo）和瑪

利亞・基督（María de Cristo），連同她們的十字若望神父。事情的進展如此，是理所當然的。歲月流逝，必須把責任交給接替我們的人，必須把我們的工作交代下去。這麼做，我絕不後悔。我從不執著我的工作，甚至，只要一道命令，我也會燒掉我寫的作品。我總覺得創立加爾默羅會的工作浩大，因為已經超越我的能力。從一開始，我努力地留下我個人的標記，就是天主通傳給我的這個神恩（carisma）。然而，是時候了，該讓其他的會士上場。

聖女大德蘭寫作的斗室和桌子（亞味拉聖若瑟隱修院）

最後的建院，布格斯

布格斯是所有建院中的老么。建立這座隱修院時，我的年紀已大，也非常疲累，處在洪水中，彷彿是世界末日。⑭這是一座困難重重的會院，或是說，其艱難遠超過其他的建院。諷刺的是，克利斯多巴・貝拉（Don Cristóbal Vela）總主教是我的同鄉，也是我在亞味拉的老鄰居，在頒發許可建院的證書

14. 布格斯建院完成於一五八二年四月十九日。

之前，處處難為我們。阿爾瓦羅．曼多撒主教在此的表現，有如一位保護者，寫給他的主教同伴多封信函，設法軟化他。其中的一封，措辭強烈，我甚至不敢交寄。然而，在這次的建院中，最使我難過的是古嵐清神父的缺席。怎麼了？是他累了嗎？處在這麼多的衝突逆境中，他豈不是忍耐地陪伴著我嗎？在此，多年前我寫過的話，如今看來，我覺得太真實不過了：「我的上主啊！祢是多麼純真的朋友！……但願沒有人逗留於愛什麼人，而只是愛祢！」（自傳25．17）

我的著作

我只想說幾句關於我受命而寫的書。確實，人們稱呼我為「教會聖師」⑮、「作家」、「西班牙黃金時代⑯最偉大的作家」⋯我覺得這一切是如此地言過其辭，竟至令我發笑。真實的，我的父親要我們學會讀書，而這成為我一生的愛好，寫作亦然。不過，我從來沒想要當個女學者或老師。我的最愛是向別人學習，甚至有一次，我肯定地說，我不曾聽過一篇道理，會糟到無法從中獲益的。那麼，我是否教導其他人呢？是的，我必須去教導人，且以非常單純的方式。

我最早下筆寫的，就像我現在所做的：敘述我的故事，告明我的生

15. 天主教會於一九七〇年封聖女大德蘭為教會聖師，同時受封的另一位女性聖師為十四世紀平信徒瑟納的加大利納。目前共有四位女性教會聖師，十九世紀同為加爾默羅會的小德蘭一九七七年受封，本篤會的聖賀德佳二〇一二年受封。
16. 西班牙黃金時代即 Siglo de Oro，在文學和藝術的領域，並沒有明確的起迄年分，約始於一四九二年哥倫布發現新大陸之前，大作家卡爾德隆（Pedro Calderón de la Barca）逝世於一六八一年，一般視為黃金時代的終結。

聖女大德蘭的親筆書信（亞味拉聖若瑟隱修院）

活。開始時，我寫得十分費力，然而，至尊陛下告訴我，服從會給我力量，真的是這樣。後來，創立了聖若瑟隱修院，修女們請求我，把我的思想和教導寫下來，告訴她們一些關於修行祈禱和修練德行的事。理所當然地，為了取悅她們，我為她們而寫。

再後來，我的告解神師們命令我，要我按年代記述我的建院之旅；有的神師則要求我，寫下在祈禱中天主賜給我的神祕恩惠……所以，書就此寫出來了：《自傳》、《全德之路》、《建院記》、《靈心城堡》、Cuentas de Conciencia，再加上其他的小品，如Exclamaciones、《默思雅歌》……其他的著作是法規，係根據古老的加爾默羅會規而寫的，為給我的修女們制定她們的修道生活：《會憲》、《視察修院》……最後，還有上百封的書信，

寫給各式各樣的人：從國王斐理伯二世，到我的兄弟姊妹和親戚；從主教和總會長，到各修會的會士、神職人員、世俗人、渴望入會修道的人，及沒完沒了的收件者名單，他們的名字全納入我的故事中。因天主的眷顧，祂安排一些愛慕者經手，予以複製或保存這些著作，因此能流傳至

今，其中大多半是原稿，是我親筆寫在自己使用的紙上，這極罕有的事。我必須感謝天主，因為我經常有很好的朋友和徒弟。

生命末刻

我要結束了，因為天已垂暮。接近生命末刻時，我已精疲力竭，這是真的。年老又體弱多病，我知道自己已接近臨終，也明白，我的塵世使命就要結束。革新修會的生活方式，已經穩固地建立起來。有位傑出的加爾默羅會士，熱羅尼莫．古嵐清．天主之母，管理男、女會士，以慈父和堅定的手行使職權。還有，在各個隱修院中，有很好的修女，當中有些是很寶貝的，對我非常忠誠：安納．耶穌、瑪利亞．聖若瑟、加大利納．基督……我的年歲教導我，該要謙虛地隱退。在我最後的日子裡，一直隨侍在旁的是我的忠心護士，安納．聖祿茂（Ana de San Bartolomé），她是來自阿爾門德拉．卡尼亞達（Almendral de la Cañada）的牧羊女，她在亞味拉聖若瑟隱修院入會，做白紗修女，她真的愛我。臨終前的幾個星期，她使所遭逢的不快和羞辱化為甜蜜，一五八二年十月四日的晚上，我在她的雙臂中飛升天堂。為了服從省會長安道．耶穌神父的命令，那時我在奧爾巴。雖然我寧願在亞味拉逝世，但天主向我要求這個最後的犧牲，我再次

聖女大德蘭的逝世。（奧爾巴隱修院）

為了祂而做。在我臨終時，內心所想的，無非是與心愛主的交談。我領了臨終聖體和終傅。我請所有的修女寬恕我，喃喃地說：「我的淨配新郎！我的救主……這是我們相會的時候……。」

我畢生的渴望就是這個相會，看見心愛主那隱藏在黑暗信德中的面容。最後，祂終於賜給了我。其他的一切，又有什麼要緊呢？在世時，常常反覆吟詠的那段詩句，再次浮現於我，我願你們多次覆誦，以之做為此五百週年及永久的箴言：「我是祢的，我為祢而生，祢要命令我什麼？」⑰我請求你們，請容許我述說最後的回憶。兩個地方，一個是石頭環繞之處，另一個是屬

17. 詩5。

靈的地方，永遠在我的記憶中，延伸至我的靈魂；我說的是我出生的城市，及加爾默羅修會。

亞味拉對我來說，一直都是我深奧經驗的至聖所。我童年的快樂地方，懷鄉之情總使我一再返回。當我是年輕修女時，讀過聖奧斯定在《天主之城》中所詠唱的。我贊同一位著名的學者所說的：「亞味拉是一顆鑽石……是卡斯提的靈魂之城；是靈心城堡，那裡只容許朝向天堂的成長。天堂會在她的上面展現，彷彿上主的手掌。」[18]

在亞味拉，大家都說那靈性的冒險之旅，把我從極謙卑和沒沒無聞中抛出，贏得不朽的芳名。總之，是把我抛入上主的雙臂裡。年復一年，每逢十月十五日[19]，我的同城居民帶著我滿街遊行，穿戴絲綢和黃金，我看見處處有我的態像，甚至我常去拜訪的聖堂和修院正門前也有；當我看見這些善良和高貴之人的面容時，我想著：天主付清所有債務，受苦是值得的，不必等到末刻才看到我們的上主是如何寬仁大方，祂治癒傷口，為戰鬥者戴上花冠，賞報那難得的應受讚揚者。如果你在亞味拉要感謝天主。如果你不在那裡，也從未來過，請來看看這個聖地，這個德蘭的耶路撒冷，這個天主的角落，祂願在此地，通傳祂愛的祕密給人類。

最後，是加爾默羅修會。這個博大的修會家庭，充滿神性的生命和溫

18. Migual de Unamuno: Andanzas y visiones españolas.
19. 大德蘭瞻禮。

亞味拉的城牆。

暖，不只延伸到全球各地，且日益繁榮廣張，彷彿亞味拉聖若瑟隱修院的最初爆炸，至今尚未停止。因為聖若瑟隱修院是天主的另一個持久奇蹟；是福音中所說的芥菜籽、隱藏的珍珠和田地裡的寶藏；是永恆的大火堆，冒火不熄，持續不斷地造就聖人，願天主使之永存直到世末。因為，誕生在亞味拉的赤足加爾默羅修會，其永久的價值就是：告訴世界，在世上度天堂的生活是可能的，天主欣喜於與人子同居共處，是當下的喜樂，就在此時此地，因為天主是人心存在的本質。

我是祢的，我為祢而生，祢要命令我什麼？

至高無上的至尊陛下，永恆的智慧，
寬仁善待我的靈魂；
崇高卓絕，獨一無二、仁厚善良的天主，
請看至極卑微的這位，向祢詠唱她的愛：
祢要命令我什麼？

我是祢的，因為祢造生了我，我是祢的，因為祢救贖了我，
我是祢的，因為祢忍受了我，我是祢的，因為召喚祢了我，
我是祢的，因為祢等待了我，我是祢的，因為我沒有喪亡：
祢要命令我什麼？

那麼，良善的上主，你要命令我什麼？
這麼卑劣的受造物要做什麼？
給這位罪奴做的是什麼工作？
看著我，我甜蜜的愛，甜蜜的愛，請看著我：
祢要命令我什麼？

祢看，我把我的心，我的身體，
我的生命和靈魂，我的五內和愛情，
放在祢的手掌上，
甜蜜的淨配和救贖主，我奉獻自己給祢：
祢要命令我什麼？

請給我死亡，給我生命，給我健康或患病，
給我光榮或羞辱，給我戰爭或深邃的平安，
軟弱或充分的強壯，對這一切，我都說好：
祢要命令我什麼？

請給我財富或貧乏，給我安慰或無慰，
給我快樂或悲傷，給我地獄或天堂，
甜蜜的生命，沒有遮掩的太陽，
那麼，我獻給祢一切：
祢要命令我什麼？

如果祢願意，請給我祈禱，如不然，就給我乾枯乏味，
給我豐富和虔敬，如不然，就給我荒蕪不毛，
至高無上的至尊陛下，唯有從祢，我找到我的平安：
祢要命令我什麼？

那麼，請給我智慧，或者為了愛，給我無知，
給我富饒的歲月，或給我飢餓或缺乏的年月，
給我黑暗或晴天，隨祢要我這裡或那裡：
祢要命令我什麼？

如果祢願意我休息，為了愛，我也願意；
如果你要命令我辛勞工作，我操勞至死。
請說，什麼地方？怎麼做？什麼時候？
請說，甜蜜的愛，請說：
祢要命令我什麼？

請給我加耳瓦略，或大博爾，沙漠或豐美之地，
成為痛苦中的約伯，或作憩息主懷的若望；
成為果實盈盈的葡萄園，或是貧瘠不毛，
如果祢要這樣：
祢要命令我什麼？

或成為戴上鐐銬的若瑟，或作埃及的宰相，
或受苦的梅瑟，或興高采烈的梅瑟，
或被水淹沒的約納，或得到自由的約納：
祢要命令我什麼？

靜默或說話，結果實或一無收穫，
律法顯露我的潰傷，歡躍於溫和的福音，
或痛苦或歡欣，只有祢生活在我內：
祢要命令我什麼？

我是祢的，我為祢而生，祢要命令我什麼？

建嘉義大林聖若瑟
加爾默羅聖衣會隱修院

一天天，一年年，隱修者，在靜寂中，為普世人類祈禱，

以生命編串出愛的樂章，頌揚天主的光榮！

需您的幫助…

款的方式：郵政劃撥或銀行支票　請註明「為嘉義修院興建基金」

撥帳號－芎林修院：05414285　深 坑修院：18931306

真－芎林修院：03-5921534　深 坑修院：02-26628692

政劃撥、銀行支票受款戶名：財團法人天主教聖衣會

所有捐款均可開立正式收據

嘉義大林聖若瑟加爾默羅隱修院的建築藍圖

國家圖書館出版品預行編目資料

愛的旅途：解密《靈心城堡》的內向旅行／尤震 · 麥卡福瑞神父（Eugene McCaffrey, OCD）著；加爾默羅聖衣會譯．
── 初版，一 臺北市：星火文化，2018 年 10 月
面； 公分．（加爾默羅靈修；17）
譯自：Journey of Love~Teresa of Avila's Interior Castle: A Reader's Guide
ISBN 978-986-92423-8-7 （平裝）

1. 天主教 2. 靈修

244.93 105020273

加爾默羅靈修 17

愛的旅途 解密《靈心城堡》的內向旅行

作　　者　尤震 · 麥卡福瑞神父（Eugene McCaffrey, OCD）
譯　　者　加爾默羅聖衣會
封面設計及內頁排版　Neko
總　編　輯　徐仲秋
出　　版　星火文化有限公司
台北市衡陽路七號八樓
營運統籌　大是文化有限公司
業務·企畫　業務經理林裕安　業務助理馬絜盈 · 王德渝
行銷企畫汪家緯　美術編輯張皓婷
讀者服務專線 02-23757911 分機 122
24 小時讀者服務傳真 02-23756999
香港發行　里人文化事業有限公司 "Anyone Cultural Enterprise Ltd"
地 址：香港 新界 荃灣橫龍街 78 號 正好工業大廈 22 樓 A 室
22/F Block A, Jing Ho Industrial Building, 78 Wang Lung Street,
Tsuen Wan, N.T., H.K.
Tel ：(852) 2419 2288　Fax ：(852) 2419 1887
Email: anyone@biznetvigator.com
印　　刷　韋懋實業有限公司

■ 2018 年 10 月 3 日初版　Printed in Taiwan

ISBN 978-986- 92423-8-7　定價／260 元

感謝作者尤震 · 麥卡福瑞神父（Eugene McCaffrey, OCD）授權翻譯